Notker Wolf | Corinna Mühlstedt

Öffne deine Augen

Notker Wolf | Corinna Mühlstedt

Öffne deine Augen

Jeder kann Mystiker werden

HERDER

FREIBURG · BASEL · WIEN

MIX
Papier aus verantwor-
tungsvollen Quellen
FSC® C014496

Originalausgabe
© Verlag Herder GmbH, Freiburg im Breisgau 2021
Alle Rechte vorbehalten
www.herder.de

Die Bibeltexte sind, soweit nicht anders angegeben, entnommen aus:
*Die Bibel. Die Heilige Schrift
des Alten und Neuen Bundes.
Vollständige deutsche Ausgabe*
© Verlag Herder, Freiburg im Breisgau 2005

Satz: Carsten Klein, Torgau
Herstellung: GGP Media GmbH, Pößneck

Printed in Germany

ISBN Print 978-3-451-03309-4
ISBN E-Book 978-3-451-81479-2

Inhalt

Vorwort

Das Christentum befindet sich in Deutschland in einer tiefen Krise. Skandale, Strukturfragen und Machtkämpfe verstellen zunehmend den Blick auf das Wesentliche: auf Gott. Viele Kirchen waren 2020 und 21 so leer wie der Glaube mancher Zeitgenossen. Was bleibt, ist nicht selten ein Schrei nach Orientierung, gerade in Zeiten einer weltweiten Pandemie! Wo ist der Ausweg? Diese kurze, aber entscheidende Frage hat uns zu dem vorliegenden Buch inspiriert.

Dabei haben wir uns als Autoren entschlossen, einen gemeinsamen Text zu verantworten, obwohl (oder auch gerade: weil) wir beide aus verschiedenen christlichen Welten kommen: ein katholischer Benediktiner, der 16 Jahre als Abtprimas den höchsten Rang seines Ordens in Rom bekleidet hat und 2020 seinen 80. Geburtstag feiern konnte. Und eine lutherische Theologin und freie Rom-Korrespondentin der ARD, die eine Generation jünger ist als ihr Co-Autor.

Dennoch hatten diese beiden Welten in den vergangenen Jahrzehnten umfangreiche Schnittpunkte: Das kirchliche Leben in Rom gehört ebenso dazu wie Erfahrungen, die jeder von uns für sich auf Reisen in aller Welt gesammelt hat. Eine regelmäßige Zusammenarbeit in Form von Interviews, Rundfunksendungen und Büchern war die Folge.

Bei einem Gespräch über die aktuelle Kirchenkrise fiel uns schließlich auf, dass es noch einen weiteren Schnittpunkt gibt, an dem sich unsere Interessen treffen: die Mystik beziehungsweise die Art, wie jeder von uns im eigenen Leben Gott erfahren hat – nicht nur durch Erziehung und Studium, sondern durch persönliche Erlebnisse, bei denen das Transzendente im Alltag Wirklichkeit wird.

Wir hatten das Glück, in allen Ländern, Konfessionen und Religionen Menschen zu treffen, die einen ebenso tiefen wie unkomplizierten Bezug zum Göttlichen haben. Meist wird ihr Leben von einer großen spirituellen Offenheit geprägt.

Dieser emotionale Halt scheint in Deutschland weithin abhandengekommen. Vielleicht liegt das auch daran, dass die Deutschen zu sehr auf ihren Verstand fixiert sind und Emotionen nicht genug Raum geben. Doch diese gehören ebenso zum Menschsein wie die Ratio.

Der Glaubende der Zukunft wird ein Mystiker sein, oder er wird nicht sein, sagte sinngemäß einst Karl Rahner. Hier möchten wir mit unserem Buch ansetzen: Das Ziel ist eine Rückbesinnung auf die mystische Dimension des Christentums, auf die Wahrheit, die hinter religiösen Texten oder Dogmen steht, ja auf die Faszination, die von der befreienden Botschaft Jesu bis heute ausgeht.

Wir spüren dabei authentischen mystischen Erfahrungen in Geschichte und Gegenwart nach, die motivieren, im eigenen Leben neu nach Gott zu suchen. Denn wir sind überzeugt: Mystiker und Mystikerinnen sind keine elitären, abgehobenen Persönlichkeiten, sondern Menschen wie du und ich. Was sie von ihren Zeitgenossen unterscheidet, ist meist nur die Offenheit für das Geheimnis des Göttlichen und die Bereitschaft, sich von ihm berühren zu lassen.

Jeder kann zum Mystiker werden. Unserer Erfahrung nach schafft recht verstandene Mystik die Basis für einen frischen, zeitgemäßen Glauben des Einzelnen und fördert eine Erneuerung der Kirche von innen her.

Alles beginnt mit Erfahrungen

Unterwegs zwischen der Wüste und Rom,
Benedikt und Luther

> *Die Nähe Gottes zu spüren, das macht die Mystik aus.*
> *Eine solche Erfahrung muss nicht am Ende der Medita-*
> *tion oder Kontemplation stehen. Gott zeigt sich uns in*
> *den verschiedensten Lebenslagen. Ich habe mein Leben*
> *als Antwort auf seinen ständig neuen Ruf verstanden und*
> *geführt. »Mystik« wird dann zu einer Grundhaltung, die*
> *alles begleitet.* (Notker)

> *Die entscheidende Erfahrung »Gott ist da!« habe ich in*
> *der Wüste gemacht: Er ist da – um mich, in mir! In der*
> *Wüste habe ich erlebt, dass sich Himmel und Erde berüh-*
> *ren können, und gelernt, dieser Wirklichkeit bedingungs-*
> *los zu vertrauen. Mystische Erfahrungen schenken eine*
> *Zuversicht, die fortan das ganze Leben prägt.* (Corinna)

Momente, Erfahrungen, fast unwirklich und doch realer als
alles andere. Augenblicke, in denen man etwas von der Wirklichkeit Gottes spürt. Einbildung, Illusion? Mystiker aller Religionen und aller Zeiten waren immer wieder überzeugt, einer
transzendenten Wahrheit, dem göttlichen Geheimnis begegnet
zu sein. Und sie wussten: Man kann ein solches Erlebnis nicht
in Worte fassen. Trotzdem haben sie es versucht, denn ihnen
war klar: Erfahrungen, die man nicht teilt, haben für andere

wenig Nutzen. Aus diesem Grund haben wir uns auch zu diesem Buch entschlossen.

Wie aber soll man den Eindruck, von Gott berührt zu werden, angemessen beschreiben? Es ist eine Intuition, eine Art von Gewissheit, die sich allenfalls mit wirklicher Liebe vergleichen lässt. Warum verliebe ich mich in einen anderen Menschen? Es spricht so viel dagegen. Sind solche Gefühle nicht albern, sinnlos, stören sie nicht sogar das Leben? Aber da ist eben auch diese Sicherheit, die keinen Zweifel zulässt. Das Gefühl: Hier bekomme ich ein unglaubliches Geschenk, größer, als ich es spontan erfassen kann.

Im Grunde kann man mystische Erlebnisse wohl nur mithilfe von Bildern und Symbolen ausdrücken – falls man sie überhaupt ausdrücken kann. Dazu zwei Beispiele aus Rom: In den antiken römischen Katakomben – kilometerlangen unterirdischen Begräbnisstätten vor den Toren der Stadt – findet man eine schlichte Wandmalerei: Eine Frau kniet am Boden hinter Jesus und berührt mit ausgestrecktem Arm den Saum seines Gewandes. Gemäß dem Lukasevangelium (Lk 8,46) nimmt Jesus die Frau in diesem Moment wahr und sagt: »Es hat mich jemand berührt; denn ich fühlte, dass eine Kraft von mir ausging.« Die Frau, so will es die Erzählung, wird durch die Berührung von einer schweren Krankheit geheilt.

Im Vatikan kann man an der Decke der Sixtinischen Kapelle berühmte Gemälde Michelangelos bewundern. Zu ihnen gehört *Die Erschaffung des Adam*: Gott wird hier – wie im 16. Jahrhundert üblich – als bärtiger alter Mann dargestellt und streckt seinen Arm Adam entgegen. Die Hände, ja die Finger der beiden Gestalten berühren sich fast, wenn auch nicht ganz. Doch die Botschaft des Bildes ist klar: Die Beziehung zwischen

Gott und Welt existiert. Sie ist stark genug, den Menschen ins Leben zu rufen.

Alles Weitere bleibt ein Geheimnis, das sich seit Jahrtausenden im Leben großer mystischer Gestalten spiegelt. Sie gehören zu unterschiedlichen Kulturen und Religionen. Manche lebten vor Tausenden von Jahren, andere im 20. Jahrhundert. Keiner von ihnen hatte die Absicht, ein bekannter Mystiker zu werden. Aber irgendwann wurden sie alle von Gott angesprochen, jeder auf seine Weise. Und oft hat diese Begegnung ihrem Leben einen völlig neuen Schwung gegeben:

Benedikt von Nursia begründete im 6. Jahrhundert das abendländische Mönchtum. Der Dominikaner Meister Eckhart wurde im 13. Jahrhundert durch den Gedanken berühmt, dass in jedem Menschen ein göttliches »Seelenfünklein« lebt. Die spanische Mystikerin Teresa von Ávila lehrte den Weg in die »innere Burg« der Seele. Und Martin Luther, dessen mystische Seite erst in jüngster Zeit entdeckt wird, fand im 16. Jahrhundert die Kraft zu einer Kirchenreform.

Auch moderne religiöse Bewegungen gehen auf Mystiker zurück: Der reformierte Theologe Frère Roger Schutz rief nach dem Zweiten Weltkrieg in Frankreich die ökumenische Gemeinschaft von Taizé ins Leben. Die italienische Katholikin Chiara Lubich gründete die weltweite, ökumenisch offene Fokolarbewegung. Mutter Teresa von Kalkutta baute einen neuen Orden auf, der sich in besonderer Weise den Ärmsten und Sterbenden in den indischen Slums verpflichtet weiß.

Das sind nur einige Beispiele. Neben diesen Persönlichkeiten stehen zahllose andere, nicht zuletzt viele Menschen wie du und ich. Denn jeder kann in seinem Leben mystische Erfahrungen machen. Sie/Er muss sich nur öffnen für das Geheimnis, das sie/ihn umgibt und trägt.

Mystik ist in meinen Augen eine besondere Gotteserfahrung, die sich nur schwer durch Worte vermitteln lässt, aber den, der sie macht, spontan überzeugt, ja die oft sogar dem ganzen Leben eine neue Wendung gibt. So jedenfalls war es bei mir.

Ich wurde 1940 geboren, mitten im Krieg. Mein Vater war beim Militär und später in Kriegsgefangenschaft. Meine Mutter und ich lebten in einem kleinen Dorf im Allgäu und waren jahrelang ganz auf uns selbst gestellt. Wir waren arm, zeitweise mussten wir von Almosen leben. Als Folge der mangelnden Ernährung war ich als Kind körperlich extrem schwach und viel krank. Ich erinnere mich nicht an alle Details, weiß aber, dass manches durchaus lebensbedrohlich war und ich immer wieder monatelang das Bett hüten musste, während meine Freunde draußen spielten.

Diese Jahre haben mich sicher geprägt. Ich war aufgeschlossen, wissbegierig und auch religiös sehr interessiert, habe viel gelesen und über den Sinn des Lebens nachgedacht. Aber natürlich habe ich mich gelegentlich auch gefragt, was einmal aus mir werden sollte. Für welche Arbeit, für welchen Beruf würden meine Kräfte reichen? Was würde meinem Leben Sinn geben? Natürlich wurde ich auch von Erwachsenen oft gefragt: »Was willst du denn mal werden?« Manchmal habe ich dann spitzbübisch-trotzig (und vielleicht inspiriert von dem Jugendroman Gullivers Reisen) geantwortet: »ein Schiffbrüchiger«!

Zugleich sagt das viel über die Ratlosigkeit, die ich empfand, zumal für mich eines feststand: Ich möchte nicht einen beliebigen Job machen, sondern einen der mich er-

füllt, bei dem ich sagen kann: Da lohnt es sich, das Leben einzusetzen. Denn trotz meiner Jugend war mir damals schon eines absolut klar: Du kannst jeden Tag sterben!

Dass ich dann auf unserem Dachboden im Alter von 14 Jahren den entscheidenden Hinweis fand, kam für mich selbst völlig überraschend. Ich sollte nur etwas aufräumen und stieß dabei auf ein altes Missionsheft mit der Lebensbeschreibung eines Missionars aus dem 19. Jahrhundert: Pierre Chanel.

Ich war augenblicklich fasziniert von dem, was ich las: Chanel hatte auf der Insel Futuna im Südpazifik Kranke gepflegt. Doch als der Sohn des dortigen Stammesoberhauptes sich zum Christentum bekehren wollte, ließ sein Vater den Missionar töten. Erst nachträglich verstanden die Einheimischen, was Chanel sie gelehrt hatte. Ein Jahr später, als ein anderer Missionar auf die Insel kam, baten sie sofort um die Taufe.

Diese Erzählung traf mich als Jugendlichen im Innersten. Es war, als hätte mich Jesus berührt. Ich spürte: Mein Leben hat einen Sinn, Gott braucht mich! Aber ich wollte das zunächst noch nicht recht wahrhaben. Eine ganze Woche lang rang ich mit mir. Das Missionsheft versteckte ich zunächst unter meiner Matratze. Meine Mutter sollte nicht wissen, was in mir vorging, solange ich mir nicht im Klaren war.

Und da gab es durchaus einiges zu klären: Chanel, so wurde berichtet, musste zeitweise aus Hunger Regenwürmer essen. Würde ich das schaffen? Ich habe den Bericht immer wieder gelesen. Und würde ich es schaffen, von zu Hause wegzugehen – vielleicht sogar für immer? Aber als meine Entscheidung dann gefallen war, konnte mich nie-

mand mehr von meinem Ziel abbringen. Ich spürte: Das
würde mich erfüllen. Und so begann mein Weg zu den
Missionsbenediktinern in Sankt Ottilien, wo sich für mich
eine neue Welt öffnete. (Notker)

Im Jahr 2000 sollte der kleine Junge aus dem Allgäu zum rang-
höchsten Benediktiner gewählt werden und in Rom 16 Jahre
lang seine internationale Ordensgemeinschaft als Abtprimas
vertreten. In dieser Zeit hat der Philosophieprofessor Elmar
Salmann an der dortigen Benediktinerhochschule Sant'Anselmo einen Lehrstuhl für Philosophie und Mystik aufgebaut.
Auch er ist Benediktiner und weiß: Gottes Ruf trifft jeden Menschen auf andere Weise, und die Kraft mystischer Erfahrungen,
die einem Leben Gestalt geben können, hat viele Facetten:

»Was ich bisher als Grenze erfahren habe, kann zum Neu-
anfang werden. Was sich bisher für mich ausschloss, wird auf
einmal als etwas Verwandtes begriffen. Und insofern gibt es
keine abstrakte Mystik, sondern nur eine, die sich in einen Le-
benslauf hinein fügt, und ihn dann freilich oft sprengt und verwandelt.«

Aber letztlich geht es beim Thema Mystik um weit mehr als
um persönliche Erlebnisse. Wir denken, dass die Fähigkeit,
»sich von Gott berühren zu lassen«, die Zukunft des Christentums prägen kann, ja möglicherweise sogar die Zukunft von
Religion schlechthin. »Der Fromme von morgen«, schrieb
einst Karl Rahner, werde »ein ›Mystiker‹ sein, einer der Gott
erfahren hat, oder er wird nicht mehr sein.«

Rückblickend kommentierte der Jesuit seine Aussage mehrfach und sagte: »Wenn man unter Mystik nicht dieses seltsame
parapsychologische Phänomen versteht, sondern eine echte,
aus der Mitte der Existenz kommende Erfahrung Gottes, dann

ist dieser Satz sehr richtig und wird in seiner Wahrheit und seinem Gewicht in der Spiritualität der Zukunft deutlicher werden.«

»Nach der Schrift und richtig erfasster kirchlicher Lehre«, so Rahner, sei nämlich »die letzte Glaubensüberzeugung« nicht das Ergebnis rationaler Argumentationen und kirchlicher Lehren. Sie sei vielmehr Folge »der Erfahrung Gottes, seines Geistes und seiner Freiheit, die aus dem Innersten der menschlichen Existenz aufbricht.«

Papst Franziskus – ebenfalls ein Jesuit – sieht in diesem Grundprinzip, das die Wurzel jeder Religion ist, sogar eine Basis für den Dialog zwischen verschiedenen Glaubensrichtungen: Die Erfahrung Gottes, meint er, schaffe eine Grundlage, damit Angehörige aller Konfessionen und Religionen die aktuellen Herausforderungen der Welt gemeinsam, ja geschwisterlich bewältigen können.

In der Enzyklika *Fratelli tutti* – über die »Geschwisterlichkeit« aller Menschen – nimmt Franziskus Bezug auf das gleichnamige Dokument, das er 2019 mit einem der höchsten Repräsentanten des Islams, dem Großscheich von Al Azhar, Ahmad Al-Tayyeb, unterzeichnet hat, und schreibt:

»Als Gläubige sind wir davon überzeugt, dass es ohne eine Offenheit gegenüber dem gemeinsamen Vater aller keine soliden und beständigen Gründe für den Aufruf zur Geschwisterlichkeit geben kann.«

Nur die Anerkennung dieser »transzendenten Wahrheit«, so der Papst, schütze den Menschen vor der Willkür von Macht und Gewalt. Diese Wahrheit in der heutigen Gesellschaft sichtbar zu machen sei die gemeinsame Aufgabe aller Religionen.

Dabei bestehe keine Gefahr des Synkretismus, also der Vermischung von Glaubensinhalten, betont Franziskus ausdrücklich. Vielmehr gehe es um eine »aufrichtige Gottsuche«, die jeder Gläubige nach seiner religiösen Tradition gestaltet, die aber nicht von »ideologischen oder zweckmäßigen Interessen verdunkelt« werden darf.

Eine solch ehrliche Suche nach Gott hat die christliche Spiritualität von jeher geprägt. Sie steht im Mittelpunkt der Regel Benedikts und motivierte Reformatoren wie Martin Luther. Hier liegt die Basis für alle Menschen, so Papst Franziskus, sich »als Weggefährten zu begreifen, als Brüder und Schwestern«.

Nach äußerst belastenden Jahren, in denen ich meine schwer kranken Eltern bis zu ihrem Tod begleitet hatte, motivierten mich Freunde zu einer Wanderreise in den südlichen Sinai. Natur, Ruhe, Weite, all das könnte helfen, den Schmerz zu verarbeiten, meinten sie. Ich ließ mich überreden. Da ich aber einen großen Teil der zurückliegenden Zeit an Krankenbetten verbracht hatte, fehlte mir die Kondition, um mit den anderen in der Sommerhitze auf Berge zu steigen. So blieb ich einige Zeit allein in einem einfachen Gästehaus nahe des Katharinenklosters und ließ die anderen ziehen.

Ich hatte keine genaue Vorstellung von dem, was mich dort erwartete. Ich wusste nur, dass die Wüste zu allen Zeiten für Menschen ein Ort der Besinnung war. Immer wieder hat die Frage nach Gott oder nach dem Sinn der eigenen Existenz Menschen in die Wüste geführt: Propheten wie Elija oder Mose waren schon vor Tausenden von Jahren im Sinai auf der Suche nach Auswegen in scheinbar ausweglosen Situationen.

Und stets fielen die Antworten, die sie hier erhielten, völlig anders aus, als sie es erwartet hatten. Sie sind – so wird überliefert – am Berg Sinai Gott begegnet: in Feuer und Luft, Wind und Erde, jenseits allen menschlichen Verstehens, aber dennoch real.

Dass auch ich etwas davon erfahren könnte, wagte ich nicht zu hoffen. Ich dachte nicht einmal drüber nach. Ich folgte einfach der Intuition, dass mir die Ruhe inmitten der grandiosen Felsmassive und weiten Sandebenen guttun könnte. Und ich fühlte, dass auch der regelmäßige Besuch der orthodoxen Vespern, den mir die Mönche im Kloster gestatteten, wohltat. Die Liturgien spiegeln die Gewissheit, dass Gott größer ist als all unsere menschlichen Gedanken. In einem Buch des Klosters las ich den Satz eines griechischen Byzantinisten:

»In jener Gegend kann man die Erde fühlen, die Gott berührte, und tief in ihrem Inneren die Ewigkeit spüren. Denn auf dem Berg Sinai, den Gott selbst betrat, trafen das Ewige und Heilige auf das Vergängliche und Menschliche.«

Was im Einzelnen in mir vorging, kann ich nicht erklären. Aber von Tag zu Tag spürte ich auf meinen Spaziergängen zwischen den mächtigen Felsen und dem endlosen Horizont immer deutlicher eine wohltuende Klarheit. Ich ahnte plötzlich, dass ich zwar keine Antworten auf die Fragen des Lebens finden würde, dass ich sie aber auch nicht mehr brauchte. Die Fragen lösten sich mit einem Mal auf.

Gott ist groß, und er ist hier, bei mir, in mir. Diese Gewissheit lässt alle weiteren Überlegungen verstummen. – Mit dieser Erfahrung traf ich nach einigen Tagen meine Freunde wieder. Ich wusste nicht, wie mein zukünftiges Leben aussehen würde, aber ich wusste: Er würde mir den Weg zeigen. (Corinna)

Die jüdisch-christliche Gotteserfahrung wurde von jeher durch die Wüste geprägt. Bis heute gibt es rund um das Katharinenkloster etliche Einsiedeleien, in die sich einzelne Mönche für eine gewisse Zeit oder auch auf Dauer zurückziehen, um in der Natur mit Gott allein zu sein.

Im Kloster zeigt man Besuchern einen Dornenstrauch. Jahrtausendealte biblische Erzählungen berichten, wie der Prophet Mose hier erstmals Gott begegnete – in einem magischen Augenblick: Mose, so heißt es, bemerkte eine »Flamme«, die aus dem Busch emporschlug – ein Symbol der Nähe Gottes. Im selben Moment meinte Mose, dessen Stimme zu hören. Eine Art Zwiegespräch entstand. Als Mose schließlich nach Gottes Namen fragte, bekam er eine überraschende Antwort: »Jahwe« – ein hebräischer Begriff, der unterschiedlich übersetzt wird:

Ich bin, der ich bin. (Jerusalemer Bibel)
Ich werde sein, der ich sein werde. (Luther-Bibel)
Ich werde da sein, als der ich da sein werde. (Martin Buber)
Ich bin der »Ich bin da«. (Einheitsübersetzung)

Man könnte es auch so formulieren: »Du, Mose, hast in diesem Moment etwas von mir begriffen. Das muss dir vorerst genug sein. Alles Weitere werde ich dich im Lauf des Lebens lehren. Versuche jetzt nicht, mich zu erfassen, denn das kannst du nicht. Vertrau mir!«

Vor 2000 Jahren entstand in Ägypten, Palästina und Syrien, das heißt in den Wüstenregionen des Vorderen Orients, das sogenannte Wüstenmönchtum. Viele der Einsiedler, die sich hier in die Einsamkeit zurückzogen, wurden vom Volk als Wüstenväter verehrt. Einige Frauen, die diesen nicht ungefährlichen

Weg einschlugen, sind als Wüstenmütter in die Geschichte eingegangen.

Ob Frau oder Mann – sie alle suchten einen alternativen Lebensstil, den sie in ihrer Gesellschaft zwischen Kommerz und Oberflächlichkeit, Korruption und Geltungssucht nicht fanden. Wüstenregionen boten Zuflucht und öffneten neue Perspektiven. Wer diesen Weg wählte, galt als Mystiker, Asket und weiser Ratgeber: Antonius, Poimen, Theodora, Sarah lauten einige der Namen, die man bis heute kennt.

Im 6. Jahrhundert wurde in Europa ein Mönch bekannt, der in Italien bewusst ihrem Vorbild folgte: Benedikt von Nursia. Wir kennen keine Einzelheiten aus seiner Kindheit, wissen nur, dass er offenbar aus einer wohlhabenden Familie stammte, die in Umbrien lebte. Es heißt, dass er als junger Mann zum Studium nach Rom geschickt wurde – in der damaligen Zeit galt dies als Privileg reicher Familien.

Doch die Stadt wurde damals von schweren Krisen geschüttelt: Das antike Römische Reich war längst zerfallen, die alten moralischen Werte waren in Auflösung begriffen. Goten und Vandalen hatten Italien geplündert, Hunger, Krankheit und Zerstörung hinterlassen. Rom galt in zeitgenössischen Schilderungen als Stätte des Lasters, die jeden in den Abgrund zu ziehen versuchte.

Papst Leo der Große schrieb im 5. Jahrhundert: »Ich schäme mich, es zu sagen, aber ich darf es nicht verschweigen: Die heidnischen Götzen werden hier mehr geehrt als die Apostel. Wahnwitzige Spiele werden fleißiger besucht als die Kirchen.«

Es ist daher nicht verwunderlich, dass ein religiös interessierter Student aus gutem Hause wie Benedikt die Stadt nach einiger Zeit angewidert verließ. Man kennt nur wenige historische Details, weiß aber, dass er eine radikale Entscheidung traf und sich wie die antiken Wüstenmönche in die Einsamkeit zurückzog. Die »Wüste« Benedikts waren kleine Höhlen in der abgeschiedenen Bergwelt des Apennin. In Subiaco, östlich von Rom, verbrachte er rund drei Jahre als Eremit.

Die Haltung des jungen Mönchs, der Subiaco mehrfach verließ, um aber anschließend wieder in »seine geliebte Einsamkeit« zurückzukehren, beschreibt Gregor der Große in der Vita des Heiligen: »Allein, unter den Augen Gottes, der aus der Höhe herniederschaute, wohnte er bei sich selbst.« Dabei habe Benedikt darauf geachtet, betont Gregor, »die innere Ruhe« nicht zu verlieren und »das Auge des Geistes nicht vom Licht der inneren Schau« abzuwenden.

Als ich 1963 noch Student an der Benediktinerhochschule Sant'Anselmo in Rom war, beschloss ich einmal, zusammen mit drei Kommilitonen nach Subiaco zu pilgern. Mit einem Überlandbus erreichten wir nach etwa einer Stunde das kleine gleichnamige Bergstädtchen, etwa 75 Kilometer östlich der Ewigen Stadt, in dem einige Ruinen antiker kaiserlicher Bauten zu sehen sind. Von hier aus ging es zu Fuß weiter.

»Sacro Speco« – die »Heilige Höhle«, die Benedikt drei Jahre lang Zuflucht bot – liegt auf halber Höhe an einem Berghang. Der Aufstieg führt durch Wälder mit Olivenbäumen und Steineichen. Die Ruhe und die malerische Natur tun wohl, wenn man aus der quirligen Millionenmetropole Rom hierherkommt.

Über der Grotte steht heute ein Benediktinerkloster, das sich wie ein Schwalbennest an die steile Bergwand schmiegt. Als wir näher kamen, tauchte die Nachmittagssonne die Gebäude bereits in ein warmes Licht. Die Kirche und die Kapellen, die sich rund um die kleine Wohnhöhle gruppieren, sind seit dem 13. Jahrhundert kunstvoll mit bunten Fresken ausgemalt.

Als ich die enge dunkle Höhle betrat, in der Benedikt seine Tage und Nächte verbracht hatte, wurde ich plötzlich sehr nachdenklich: Mich erschreckte die Entschlossenheit dieses jungen Mannes, der damals kaum älter als 20 Jahre war, also etwa so alt wie ich. Welch unbändige Sehnsucht mochte ihn zu einem solch radikalen Ausstieg aus der Welt veranlasst haben?

Mehrfach hatte Benedikt versucht, den Lebensstil, der ihm vorschwebte, zusammen mit Gleichgesinnten zu verwirklichen. Mehrfach war er gescheitert und wieder in die Einsamkeit geflohen, um mit Gott allein zu sein. Erst später, als er genauere Vorstellungen von der Regel hatte, die ein Zusammenleben bestimmen sollte, gelang es ihm, in den antiken Ruinen am Fuß des Berges erfolgreich die erste Mönchsgemeinschaft zu gründen.

Dabei versuchte er, mit Gleichgesinnten die Ideale der frühen Christenheit wiederzubeleben und eine Gemeinschaft aufzubauen, in deren Mittelpunkt Jesus und das Evangelium standen. Zwölf weitere Klöster bildeten sich. Schließlich zog Benedikt mit einer Gruppe nach Montecassino. Es war der Anfang eines Mönchsordens, der heute der älteste des Abendlandes ist und im Lauf der folgenden eineinhalb Jahrtausende Wurzeln in allen Kontinenten schlug.

Die Regel Benedikts, die hier entstand, hat das Ziel, die Mönche zu einem »weiten Herzen« zu befähigen, das sich in Liebe für Gott und die Menschen öffnet. Sie wird inzwischen nicht nur von Benediktinern und Benediktinerinnen befolgt, sondern beispielsweise auch von Zisterzien-

sern und Trappisten. Beide Orden zählen zu den vielen Reformbewegungen der Geschichte. Im Sacro Speco findet man zudem das älteste Bildnis des heiligen Franziskus von Assisi. Und im 20. Jahrhundert haben die Gründer der ökumenischen Gemeinschaft von Taizé hier ihre Lebensweise entworfen.

Bis heute kommen – vor allem an Wochenenden – Gäste aus aller Welt und insbesondere viele Römer nach Subiaco. Es ist ein Ort zum Auftanken, der sich über 1500 Jahre hinweg viel von seiner spirituellen Kraft bewahrt hat. (Notker)

Die Flucht Benedikts aus dem Schmelztiegel Rom nach Subiaco, die sein Biograf, Papst Gregor, schildert, ist für jeden nachvollziehbar, der die Schattenseiten der Ewigen Stadt kennt. »Rom« steht nicht nur für die überwältigende Schönheit von Kunst und Kultur, sondern auch für Lärm und Chaos, Dreck und Elendsviertel, Korruption und Verbrechen – damals wie heute. Rund 1000 Jahre nach Benedikt hat es im 16. Jahrhundert ein Augustinermönch bei seinem Besuch in Rom ähnlich empfunden: Martin Luther.

Der junge Deutsche gehörte seit 1505 zum Reformorden der Augustinereremiten, der sich neu an den Werten des Evangeliums orientieren und Missstände im Ordensleben beseitigen wollte. 1511 war Luther bereits Dozent in Wittenberg und pilgerte im Auftrag seines Ordensoberen, des Mystikers Johann von Staupitz, auf der Via Francigena über die Alpen nach Rom. Vermutlich sollte er in der dortigen Ordenszentrale Rat einholen, um diverse Probleme zu lösen, die im Zuge der Ordensreform in Deutschland entstanden waren.

In Aufzeichnungen und Briefen berichtet Luther, dass er sich mit großem Glaubenseifer auf den Weg in die Ewige Stadt machte. Viele Monate später kam er mit äußerst zwiespältigen Eindrücken in seine Heimat zurück. 20 Jahre danach, als die vatikanische Hierarchie ihn mehrfach bitter enttäuscht hatte, machte der Reformator seiner Frustration mit drastischen Worten Luft: »Rom, die einstmals heiligste Stadt, ist zu der verdorbensten geworden ... – Gibt es eine Hölle, so steht Rom darauf.«

Der Verfall der Sitten, Geldgier, Korruption und Machtstreben standen von jeher in krassem Gegensatz zu den religiösen Idealen der meisten Ordensleute. Nicht nur Luther, auch andere, die sich damals für Reformen einsetzten, klagten über die Zeichen der Zeit, weiß der römische Augustiner und Historiker Vittorino Grossi: »Diese Männer suchten nach einer Theologie des Herzens, nach Innerlichkeit und Mystik, nach einem intuitiven Zugang zum Glauben, der nicht äußerlichen Momenten der Kontrolle unterlag: Nur Glauben, nur die Bibel, nur Vertrauen lautete ihre Devise!«

Aus ökumenischem Interesse verbrachte ich als evangelische Theologiestudentin einige Studiensemester in Rom. Damals konnte ich erstaunt feststellen, dass viele Augustiner in Luther noch immer einen Mitbruder sahen und bemüht waren, seine spirituellen Anliegen und seine Suche nach Gott genauer zu verstehen.

Mir selbst hatte ein lutherischer Pfarrer kurz zuvor ein Buch mit Predigten des jungen Martin Luther vermacht. Was ich darin las, verblüffte mich: »Du bist weit davon entfernt, Gott wahrhaftig zu erkennen«, schrieb Luther: »Du meinst, du hast diese Erkenntnis. Aber du musst zuvor ein anderer Mensch werden. Du musst neu geboren werden. Wer Gott erkennen will, der muss vom Grunde seines Wesens neu werden.«

Solche Formulierungen kannte ich von berühmten Mystikern, von dem temperamentvollen Reformator aus Wittenberg hätte ich sie nie erwartet. So begann ich nachzuforschen und stellte fest, dass Luther sich als junger Mönch leidenschaftlich für die Mystik begeistert hatte:

Er kannte nicht nur Augustinus, sondern auch Texte des Zisterziensers Bernhard von Clairvaux sowie der Dominikaner Meister Eckhart und Johannes Tauler. Mehr noch: Als Bibelwissenschaftler an der Universität Wittenberg hatte Luther 1516 sogar ein Büchlein mit zum Teil anonym erschienenen Schriften dieser Mystiker herausgegeben: die Theologia Deutsch.

Vor diesem Hintergrund ahnte ich erstmals, was im Jahr 1517, bevor es zum Ausbruch der Reformation kam, in Luther vorgegangen sein mochte: Er war damals bereits Provinzialvikar, hatte also in seinem Orden Verantwortung. Zugleich litt er unter seiner eigenen Unzulänglichkeit und einer chronischen Selbstüberforderung. Höllenangst quälte den jungen Theologieprofessor, als er im Römerbrief auf Aussagen über die unverdiente Gnade Gottes stieß und sie folgendermaßen übersetzte:

»Es ist eine Kraft Gottes, die da selig macht alle, die daran glauben [...]. Der Gerechte wird aus Glauben leben« (Röm 1,16 f., Lutherbibel).

In diesem Moment begriff Luther offenbar, dass ihm weder asketische Übungen noch intellektuelle Erkenntnisse den Weg zu Gott ebneten, sondern Glaube und Vertrauen. Mit modernen Worten könnte man es so formulieren: Mit einem Mal verschwanden die Zweifel des jungen Mönchs. Ängste, die ihm vorher schlaflose Nächte bereitet hatten, lösten sich auf. Alles erschien ihm plötzlich ganz selbstver-

ständlich: Keine verkrampfte Selbstüberforderung, kein Streben nach Perfektion bringt den Menschen Gott näher, sondern nur das bedingungslose Vertrauen auf Gottes Gnade und Zusage.

Diese Einsicht empfand der junge Mönch als unendliche Befreiung und konnte rückblickend sagen: »Da hatte ich das Gefühl, ich sei geradezu von Neuem geboren und durch geöffnete Tore in das Paradies selbst eingetreten.« – Was anderes war dieser Moment, wenn nicht ein tiefes mystisches Erlebnis? (Corinna)

Es war jedenfalls dieser Moment, den man später als »reformatorischen Durchbruch« bezeichnete, als entscheidenden Schritt, bei dem Luther die Kraft fand, kirchliche Missstände zu kritisieren und Reformen anzuregen. Fraglos ist Martin Luthers Theologie hier verwurzelt. Doch zwischen politischen Querelen und wissenschaftlichen Disputen wurde das lange übersehen.

Erst in jüngster Zeit entdecken katholische und evangelische Theologen Luthers Mystik neu: »Aufgrund seines entscheidenden Durchbruchs gelangte er zu der Erfahrung einer tiefen inneren Gemeinschaft mit Christus«, kommentiert der irische Professor Gregory Collins:

»Luther durfte das Verweilen Christi im eigenen Herzen erleben, die Freude und den Frieden und die Sicherheit, die davon ausgehen. Luthers Erfahrung war die aller großen religiösen Menschen. Sein Leben bewegte sich fortan zwischen zwei Polen: spirituellem Ringen und einem unglaublichen Trost, ja einem Rückhalt, wie ihn nur Gott in seinem Zuspruch schenken kann.« Durch einen solchen Glauben, versichert der anglikanische Mystikforscher, werde Gott beziehungsweise Christus in der Seele des Menschen gegenwärtig.

Der mutige Versuch Luthers, die Kirche als Ganze zu reformieren, misslang allerdings, wie man weiß. Die Reformation, die als theologisches Anliegen begann, wurde gegen den Willen ihrer Initiatoren zu einem Politikum, das ganz Europa erschütterte, Kriege und die Kirchenspaltung nach sich zog.

Angesichts der gnadenlosen Machtkämpfe des Reformationszeitalters gerieten sogar viele positive Ansätze wie die mystischen Erfahrungen Luthers völlig in Vergessenheit. Erst in jüngster Zeit ändert sich das schrittweise: 2017 fand anlässlich des 500. Jahrestags des Reformationsbeginns ein internationaler Kongress zu Luther im Vatikan statt:

»Wenn wir heute als Katholiken und Protestanten gemeinsam über Luther diskutieren, spüren wir die Gaben des Heiligen Geistes«, betonte bei dieser Gelegenheit Papst Franziskus. Und der Argentinier, von dem manche sagen, er sei selbst Mystiker, fügte hinzu: »Es ist dieser Geist, der alle Grenzen überwindet, Konflikte in Chancen verwandelt und uns der Einheit näherbringt.«

Der Ratsvorsitzende der Evangelischen Kirche in Deutschland, Heinrich Bedford-Strohm, war als ökumenischer Gast auf der Konferenz. »Ich bin dankbar dafür«, erklärte der Bischof anschließend: »Diese Konferenz hat gezeigt, dass die Reformation vor allem eine religiöse Erneuerungsbewegung war: Christus neu entdecken, darum ging es Martin Luther.« Und genau darin dürfte heute auch eine große Chance für die Ökumene liegen.

Denn Luther stand mit seinem Anliegen nicht allein. Alle christlichen Mystiker waren von jeher bemüht, etwas von der Wahrheit Gottes beziehungsweise Jesu, die sie intuitiv gespürt hatten, für sich und andere fruchtbar zu machen. Sie wollten den Idealen des Evangeliums konkret und neu zum Durchbruch verhelfen. Da sich das aber in der Gesellschaft als Ganzer nicht realisieren ließ, riefen sie Initiativen von Gleichgesinnten ins Leben. Das gilt für Benedikt von Nursia ebenso wie für Franziskus von Assisi oder die Gründer moderner religiöser Bewegungen.

Freilich wurden die Aktivitäten der Mystiker oft misstrauisch von der Kirchenleitung beäugt. Im Vatikan fürchtete man stets, das Geschehen könnte sich der amtlichen Kontrolle entziehen. Wer in den Verdacht kam, nicht rechtgläubig zu handeln, musste in früheren Zeiten sogar um sein Leben fürchten.

Luther wurde vor 500 Jahren als Ketzer exkommuniziert und aus der Kirchengemeinschaft ausgeschlossen. Nur das entschlossene Handeln politischer Freunde schützte ihn vor dem Scheiterhaufen. Meister Eckhart, Teresa von Ávila und viele andere wurden im 16. Jahrhundert ebenfalls bei der Inquisition verklagt. Und selbst im 20. Jahrhundert musste sich die italienische Lehrerin und Mystikerin Chiara Lubich, die nach dem Zweiten Weltkrieg die internationale Fokolarbewegung gründete, noch zehn Jahre lang vor der römischen Glaubenskongregation verantworten.

Freilich war und ist die Sorge kirchlicher Verantwortungsträger von Fall zu Fall auch begründet. Mischt sich doch auf dem Markt spiritueller Möglichkeiten von jeher Seriöses und Unseriöses. Eine Unterscheidung der Geister ist geboten und keineswegs immer einfach. Begriffe wie »Spiritualität« oder »Mystik« wurden und werden oft missbraucht. Mal benutzt man sie, um irreale esoterische Träumereien anzupreisen, mal dienen sie dazu, Menschen in die Abhängigkeit einer Sekte zu ziehen.

Martin Luther verwendete in solch einem Zusammenhang gerne das Bild eines Baumes, gemäß den in der Bibel überlieferten Sätzen Jesu: »Hütet euch vor den falschen Propheten [...]. An ihren Früchten werdet ihr sie erkennen. [...]. So bringt jeder gute Baum gute Früchte, der schlechte Baum aber bringt schlechte Früchte« (Mt 7,15–17).

Der Benediktiner Elmar Salmann mahnt aus heutiger Sicht: »Es gibt sehr viele exotische Erlebnisse und auch pathologische Formen des Außerordentlichen, die aber für das Leben unfruchtbar bleiben oder uns sogar dem Leben restlos entfremden können.« Ein verlässliches Kriterium, so der Philosophieprofessor, sei demgegenüber, »dass der Mystiker, der vom wirklichen Gott ergriffen und erleuchtet wird, im Leben eine Fruchtbarkeit zeigt und eine Kraft der Gegenwärtigkeit, die deutlich werden lässt, von was er besessen ist«.

In dir liegt die Kraft,
die alles trägt,
die um den Ursprung allen Lebens weiß
und die in allem
gegenwärtig wirkt.
Je mehr du diese Mitte spürst,
desto gewisser
wirst du ganz du selbst.
Denn Gott und diese Mitte
sind von Ewigkeit her eins.

Jesus dem Mystiker begegnen

Ein Blick auf das Heilige Land, die Bibel und die jüdische Mystik

Ich erinnere mich noch gut an einen Besuch in Tabgha am See Genezareth. Unser Benediktinerkloster hat dort eine lange Tradition, musste aber aufgrund der schwierigen politischen Verhältnisse im Heiligen Land und Personalmangels oft ums Überleben kämpfen.

Nachdem wir bei einer Sitzung den ganzen Tag Probleme gewälzt und um Lösungen gerungen hatten, ging ich am Abend nach der Vesper noch an den See und suchte etwas Ruhe. Ich stellte mir vor, wie einst auch Jesus hier entlangging, nachdem er mehr oder weniger erfolgreich versucht hatte, seinen Jüngern eine neue Mentalität beizubringen.

Ich überlegte, ob er in solchen Momenten vielleicht auch an seiner Berufung zweifelte? Das Johannesevangelium berichtet jedenfalls, dass Jesus damals erleben musste, wie ihn viele Anhänger verließen. Schließlich fragte er die zwölf Jünger, die ihm am nächsten standen: »Wollt auch ihr weggehen?« (Joh 6,67). Es war offenkundig eine sehr schwierige Situation.

Jesus kommt einem in Heiligen Land äußerst nahe. Ich kann nur jedem raten, wenn möglich einmal im Leben dort hinzufahren. Am See Genezareth braucht man keine komplizierte Theologie. Jesus und seine Botschaft werden dann einfach lebendig. Das empfand ich auch an diesem Abend:

Ich war gut eine Stunde am See entlanggeschlendert, als mir plötzlich ein großer Holzbalken auffiel, der dort lag. Er erinnerte mich daran, dass Jesus uns aufgefordert hatte, zuerst den Balken aus dem eigenen Auge zu ziehen und dann erst den Splitter im Auge des anderen zu suchen: »Richtet nicht, damit ihr nicht gerichtet werdet!«, sagt er im Matthäusevangelium (7,1).

Und mit einem Mal hatte ich den Eindruck, Christus würde mich auch jetzt direkt ansprechen. Mit seiner Hilfe, so schien es mir, fand ich neue Perspektiven für unser Kloster. (Notker)

Den Mittelpunkt des Benediktinerklosters von Tabgha bildet die Brotvermehrungskirche. Ein antikes Fußbodenmosaik zeigt einen Brotkorb und Fische: Mit nur wenigen Broten und Fischen soll Jesus hier, am See Genezareth, Tausende von hungrigen Menschen gespeist haben, die sich um ihn versammelt hatten.

Der Weg vom Kloster zum See führt durch einen malerischen blühenden Garten mit Palmen, Ölbäumen und Akazien. Am Ufer öffnet sich dann ein weiter Blick über das tiefblaue Wasser bis nach Jordanien.

Gestressten Zeitgenossen bietet Tabgha durch ein Gästehaus die Möglichkeit zu einer Auszeit. Eine Thermalquelle, die auf dem Gelände des Klosters entspringt, wird in einem kleinen Schwimmbecken gestaut. In der warmen Jahreszeit sieht man hier begeisterte Kinder planschen. Für Gelenkkrankheiten und andere Behinderungen hat das Wasser therapeutischen Wert. Christliche, jüdische und muslimische Familien treffen sich an

dem idyllischen Ort regelmäßig zu einem friedlichen Mitei-
nander.

> *Als evangelische Theologin war auch ich einmal zu Exer-*
> *zitien in Tabgha und erkundete einen Tag lang die Um-*
> *gegend auf der Suche nach den Spuren Jesu. Mein erster*
> *Weg führte in das ebenfalls am See Genezareth gelegene*
> *Kafarnaum.*
> *In der antiken Siedlung hatte Jesus einst gelehrt und Men-*
> *schen geheilt. Einige seiner Jünger stammten aus diesem*
> *Ort. Ich erwartete idyllische Ruinen, die noch etwas vom*
> *damaligen Geschehen ahnen ließen. Doch welche Ent-*
> *täuschung: Lärmende Pilgergruppen drängten durch die*
> *Ausgrabungen, und der Blick auf den See wurde von mo-*
> *dernen Bauwerken am Ufer blockiert.*
> *Frustriert floh ich landeinwärts zum »Berg der Selig-*
> *preisungen«. Aber auch hier, wo Jesus wohl eine seiner*
> *bedeutendsten Predigten gehalten hatte, erinnerte nichts*
> *mehr an ihn: Zwischen landwirtschaftlichen Betrieben*
> *mit hohen Zäunen stand ich vor einer modernen Cafe-*
> *teria und einem riesigen Souvenirladen. Rasenmäher,*
> *Musikboxen und quirlige Touristengruppen machten es*
> *sogar in zwei dort gelegenen Kirchen unmöglich, sich zu*
> *sammeln oder gar zu beten.*
> *Enttäuscht wanderte ich zurück zum See in Richtung*
> *Kafarnaum, wo ich in den angrenzenden Wiesen auf ein-*
> *mal die roten Kuppeln einer kleinen orthodoxen Kirche*
> *entdeckte. Offenbar war sie für den Massentourismus un-*
> *interessant, niemand ging dorthin – nur ich.*
> *Hier fand ich, was ich suchte: eine besinnliche Atmo-*
> *sphäre inmitten von Bäumen, Blumen und Vögeln. Nach*

einem Abstecher in das mit Ikonen geschmückte Kirchlein
kam ich an das einsame Seeufer. Und plötzlich war er da
und saß auf einem der schlichten Felsen am Ufer: Jesus.

Vielleicht tauchte nur ein Bild aus einem alten Bibel-
film vor meinem inneren Auge auf. Ich weiß es nicht. Aber
ich weiß, dass die Stimmung dieses Ortes mir das Gefühl
gab: Er ist hier. Und so setzte auch ich mich auf einen der
Steine, meditierte und staunte über die Kraft des Augen-
blicks. (Corinna)

In der Nähe des Sees Genezareth vermutete man jahrhundertelang auch die Stelle, an der Jesus einst Johannes den Täufer traf.
Verschiedene spirituelle Gemeinschaften praktizierten damals
Reinigungsrituale, in deren Verlauf ihre Mitglieder ins Wasser
tauchten oder damit besprengt wurden. Die Erneuerungsbewegung, die sich um den Prediger und Asketen Johannes gebildet hatte, war nur eine von vielen.

Johannes war ein Cousin Jesu. Beide Männer wollten die
Welt ihrer Zeit positiv verändern: durch die Rückbesinnung
auf Jahwe, den Gott ihrer Väter, und durch eine Umkehr jedes
Einzelnen. Die Bibel erzählt von der Begegnung zwischen Jesus
und Johannes, überliefert aber leider nicht, was zwischen den
Männern gesprochen wurde. Jahrhundertelang wusste man
auch nicht, wo genau das Treffen stattfand.

Das änderte sich erst in jüngster Zeit, als man südlich des Sees
Genezareth, auf der jordanischen Seite des Heiligen Landes, die
Grundmauern byzantinischer Kirchen freilegte. Antike Inschrif-
ten und historische Pilgerberichte vervollständigten das Bild.
Heute sind die meisten Archäologen überzeugt: Hier, in Betha-
nien, verehrten antike Christen am Jordan jenen Ort, an dem einst
Johannes der Täufer wirkte und Jesus von ihm getauft wurde.

Die UNESCO hat das Gebiet um die Taufstelle, das lange in einer militärischen Sperrzone lag und daher unbebaut blieb, inzwischen zum Weltkulturerbe erklärt. Zugleich stellte der jordanische König dort jeder christlichen Konfession ein Stück Land zur Verfügung, um gemäß ihrer Tradition eine Kirche zu bauen. Als Papst Franziskus 2014 die Region besuchte, segnete er feierlich den Rohbau der römisch-katholischen Kirche.

Um die Reise des Papstes journalistisch vorzubereiten, flog ich vor ihm nach Jordanien und konnte die Taufstelle ausführlich besichtigen: Die Landschaft ist idyllisch. Zwischen alten Ölbäumen und blühenden Tamariskensträuchern sieht man über ein Dutzend kleine romantische Kirchen und Kapellen. Ich begegnete nur wenigen Pilgern. Vereinzelt erklangen Lieder oder Gebete. Ansonsten hört man nur das Zirpen einiger Grillen und das Gemurmel kleiner Quellen.

Der jordanische Tourismusbeauftrage Nayef Al-Fayez erzählte mir von den Erfahrungen eines muslimischen Freundes, mit dem er zahlreiche Sehenswürdigkeiten im Land besichtigt hatte: »Am Ende der Reise fragte ich ihn, was ihm am besten gefallen habe. Und mein Freund antwortete: die Taufstelle!«

»Ich war erstaunt«, so Al-Fayez, »und fragte zurück: warum? – Und mein Freund sagte: Dort könne man das ›Flüstern Gottes‹ hören. Er hatte recht. Ich kann das bestätigen. Sehen Sie, ich bin ebenfalls Muslim, aber an der Taufstelle spüre auch ich eine spirituelle Kraft, die mir einfach guttut.«

Der Ort sei für alle religiösen Menschen wichtig, versicherte mir der Jordanier, er verbinde die Religionen.

Und jeder, der dort war, dürfte verstehen, was er meint: Man nimmt an dieser Stelle bis heute eine mystische Atmosphäre wahr, die sich rational nicht erklären lässt, aber stärker ist als alle Worte. (Corinna)

Die Bibel schildert die Begegnung mit dem Asketen Johannes aus der Sicht Jesu und seiner Begleiter als spirituelle Erfahrung. Im Markusevangelium heißt es: »In jenen Tagen kam Jesus aus Nazaret in Galiläa und ließ sich von Johannes im Jordan taufen. Sobald er aus dem Wasser heraufstieg, sah er, dass sich der Himmel öffnete und der Geist wie eine Taube auf ihn herabkam. Und eine Stimme sprach aus dem Himmel: Du bist mein geliebter Sohn, an dir habe ich Gefallen gefunden« (Mk 1,9 ff.).

Die Evangelien nennen Jesus mehrfach »Sohn« beziehungsweise »Sohn Gottes«. Er selbst spricht in den Texten oft von Gott als seinem »Vater« und bezeichnet die, die Gottes Willen folgen, als seine »Brüder und Schwestern« (vgl. Mk 3,35). Auf dieser Basis wurde der Begriff »Sohn Gottes« in den ersten Jahrhunderten zu einem Kennzeichen für das christliche Verständnis von Jesus schlechthin. Doch die Formulierung hat viel ältere Wurzeln.

Schon im Judentum wird das Volk Israel von Fall zu Fall »Sohn Gottes« genannt. So liest man etwa in Psalm 2 die Zusage Gottes an das Volk: »Mein Sohn bist du, ich habe dich heute gezeugt.« In der Antike war der Begriff »Sohn Gottes« oder »Sohn des Himmels« in vielen Völkern ein Ehrentitel, durch den Herrscher besondere Nähe zu den Göttern beanspruchten. Das galt für den ägyptischen Pharao ebenso wie für Alexander den Großen. Nicht zuletzt berichteten orientalische oder griechisch-römische Mythen von »Göttersöhnen«, die aus heißen

Liebesnächten heidnischer Götter mit irdischen Schönheiten hervorgingen.

Die ganze Bandbreite dieser Symbolik stand für antike Leser im Hintergrund, wenn die Verfasser des Neuen Testaments Jesus »Sohn Gottes« nannten. Doch letztlich versuchte man mit diesem Begriff, ein Geheimnis in Worte zu fassen, das die Anhänger Jesu zwar deutlich empfanden, aber nicht präzise formulieren konnten: die unfassbare Vertrautheit Jesu mit Gott, den er immer wieder als seinen und aller Menschen »Vater« bezeichnete.

Ab dem 3. Jahrhundert wurde die Sache allerdings kompliziert: Denn nun entwickelte sich schrittweise eine offizielle christliche Theologie. Sie wies Jesus zwei sogenannte »Naturen« zu, eine menschliche und eine göttliche, und gab ihm darüber hinaus einen Platz in der neu entstehenden »Trinitätslehre«, der Lehre von der Dreifaltigkeit. Diese ist bis heute ein Kennzeichen des Christentums und beschreibt drei Arten, in denen sich Gott der Welt liebevoll zuwendet: als Vater, Sohn und Geist. Die Trinitätslehre spricht von »drei Personen«.

Die im Detail äußerst komplexe Lehre löste immer wieder Missverständnisse und Verwirrung aus: Denn die Gefahr, in Jesus einen zweiten Gott zu sehen, war ebenso groß wie die Versuchung, ihn als leiblichen, das heißt biologischen Sohn Gottes nach heidnisch-mythologischem Vorbild zu verstehen. Seitens seriöser christlicher Theologen war all dies nie beabsichtigt, aber allein der Gedanke schreckte manche zu Recht ab.

Das wird später besonders durch die islamische Kritik an der Trinitätslehre deutlich. Der katholische Theologe Klaus von Stosch und der muslimische Theologe Mouhanad Khorchide haben einige der damaligen Missverständnisse um die Gestalt Jesu unlängst in einem spannenden Buch mit dem Titel *Der andere Prophet. Jesus im Koran* aufgearbeitet.

Wie man die antiken theologischen Formulierungen auch werten mag, fest steht: Der Streit um das rechte Verständnis der Person Jesu, der in der Trinitätslehre seinen Niederschlag fand, war ein wesentlicher Grund dafür, dass im Orient nach und nach ganze Regionen von der dort vorherrschenden byzantinischen Kirche abfielen. Auch die große Kirchenspaltung in Ost- und Westkirche im Jahr 1054 hat in den theologischen Unstimmigkeiten ihre Wurzel.

Heute wiederum ist der Symbolgehalt der alten Begriffe vielen modernen Menschen längst fremd geworden. In Gesprächen mit Kirchenkritikern oder Zweiflern haben wir immer wieder festgestellt: Die Trinitätslehre ist selbst zahlreichen gutwilligen Zeitgenossen ein Rätsel. Die Bezeichnung Jesu als »Sohn Gottes« empfinden viele angesichts von Reagenzglas-Befruchtungen und Klonen als irritierend: Manch einer fragt, ob bei der Zeugung Jesu vielleicht ein Gottes-Gen am Werk war? Andere wenden scherzend ein, ob denn je ein »Vaterschaftstest« vorgenommen wurde?

Was also heißt »Sohn Gottes« für Menschen des 3. Jahrtausends? Wer war beziehungsweise ist Jesus aus heutiger Sicht? Wir sind überzeugt: Nach fast 2000 Jahren brauchen wir für die alten Symbole dringend neue Formulierungen, soll mit den Begriffen nicht auch der Inhalt verloren gehen.

Denn leider übersieht man in der Kirche inmitten so vieler theoretischer Diskussionen oft das Wesentlichste: Die Menschen, die einst Jesus trafen, machten eine ungeheure Entdeckung: Sie spürten, dass sie in ihm der liebenden Seite Gottes begegneten! Aber wie konnten sie das ausdrücken?

Die Frage gilt bis auf den heutigen Tag: Was bedeutet es zu glauben, dass jene Macht, die nach jüdischer, christlicher und muslimischer Überzeugung das Universum ins Leben rief, in positiver Beziehung zu jedem einzelnen Menschen steht? Es bleibt ein Geheimnis, von dem Christen meinen, dass niemand es so umfassend verstanden und gelebt hat wie Jesus. Deshalb nannte man ihn vor 2000 Jahren »Sohn Gottes«.

Wir wollen versuchen, Jesus wieder neu als Bruder an unserer Seite zu begreifen, der durch seine tiefe Beziehung zu Gott zum Wegweiser für alle wurde. Wir meinen: Jesus war ein Mystiker im vollsten und tiefsten Sinn des Wortes! Damit kein Missverständnis entsteht: Unser Ansatz, Jesus als Mystiker zu begreifen, soll das altehrwürdige Konzept der Trinitätslehre nicht infrage stellen, wohl aber zeitgemäß ergänzen.

Ein Schlüssel, um Jesus als Mystiker zu verstehen, liegt in der Symbolik, die die Verfasser des Neuen Testaments in einigen Erzählungen anklingen lassen. So etwa, wenn sie am Ende des Berichts von seiner Taufe eine himmlische Vision schildern: Es »öffnete« sich über Jesus der »Himmel«, heißt es, man hörte von dort eine »Stimme« und der »Geist« (Gottes) kam »wie eine Taube« herab.

Im Judentum haben Himmelsvisionen eine lange Tradition (vgl. das Buch Ezechiel, das hebräische Henochbuch etc.). Sie begleiten oft die Berufung von Propheten wie Elija oder Mose. Lichterscheinungen, Engel oder himmlische Stimmen sind dabei typische Elemente.

Im Neuen Testament soll die Erwähnung solcher Visionen zeigen, wie sehr Jesus seinen Weg mit Gottes Segen ging. Ob es sich um reale Naturphänomene handelte, die man zu Lebzeiten Jesu beobachten konnte, ist nicht bekannt. Es ist auch nicht wichtig. Entscheidend ist, dass die Menschen, die Jesus begleiteten und sich später an ihn erinnerten, in solchen Momenten etwas von der Nähe des Himmels mit all seinem Licht empfanden.

Es war Weihnachten 1942, mitten im Krieg. Eine düstere Zeit. Und doch hat mich gerade damals ein Erlebnis für mein ganzes späteres Glaubensleben geprägt: Ich war nur ein kleiner zweieinhalbjähriger Stöpsel, aber meine Mutter nahm mich bereits mit in die weihnachtliche Mitternachtsmesse. Dort stellte sie mich einfach vor sich auf einen freien Platz in der Kirchenbank, damit ich etwas sehen konnte.

In Deutschland würde heute vielleicht mancher sagen, es tue kleinen Kindern nicht gut, sie zu so später Stunde in die Kirche mitzunehmen. In Italien ist es dagegen immer noch selbstverständlich, die Kleinsten bei einer solchen Feier in die Familie zu integrieren. Jedenfalls werde ich diese Nacht, so klein ich war, mein Leben lang nicht vergessen:

Das Licht, der Schein der Kerzen, die duftenden Weihrauchwolken, die Orgelmusik, der begeisterte Gesang des Chores und der Gläubigen ... Ich war hin und weg. Für mich öffnete sich in dieser Nacht der Himmel. Ich war einfach glücklich und bin es noch, wenn ich an diesen Moment zurückdenke.

Heute würde ich sagen: Ich ahnte, dass für den Rest meines Lebens Gott die größte Quelle meiner Freude sein würde. Bis auf den Tag erlebe ich den gemeinsamen Gottesdienst als Feier dieser Freude. Diese erste Weihnachtsmesse war für mich im wahrsten Sinn des Wortes ein Lichtblick, eine Art Erleuchtung. (Notker)

Eine besondere Lichtvision findet man im Neuen Testament in der Erzählungen von der »Verklärung« Jesu. Hier wird Jesus auf einem Berg vor den Augen seiner Jünger von einem überirdischen Licht umstrahlt: »Und er wurde vor ihren Augen verwandelt; sein Angesicht strahlte wie die Sonne, seine Gewänder aber wurden weiß wie das Licht« (Mt 17,2), heißt es im Matthäusevangelium. Kurz darauf wird beschrieben, wie die Jünger über Jesus eine leuchtende Wolke sehen und eine himmlische Stimme hören.

In jüngster Zeit haben einige Bibelwissenschaftler versucht, solche Erscheinungen als »mystische Erlebnisse Jesu« zu deuten. Allerdings scheint uns hier viel Vorsicht geboten. Denn es handelt sich um literarische Texte. Über Jesu eigenes Empfinden wollen und können sie keine gesicherten Angaben machen. Sie zeigen aber, dass die Autoren der Evangelien bemüht waren, Jesus im Kontext der jüdischen Mystik zu sehen, der Kabbala.

»Diese älteste jüdische Mystik möchte die himmlische Thronwelt des Schöpfers schauen: ihre Fülle, ihre Lichter, ihre Engel«, schreibt der jüdische Historiker und Mystikforscher Gershom Scholem und fügt hinzu: »In Palästina pflegten damals verschiedene religiöse Bewegungen ein geheimes esoterisches Wissen dieser Art und gaben es an die Mitglieder ihrer Gemeinschaften weiter.«

Jesus könnte in seiner Jugend solche Bewegungen getroffen haben und sogar eine Einweisung in ihre Geheimnisse erhalten haben. Die historische Forschung weiß bis heute nichts über das Leben Jesu in den Jahrzehnten vor seinem öffentlichen Auftreten in Galiläa als Rabbi und Heiler.

Immer wieder wurde die These diskutiert, Jesus habe sich zeitweise bei der Gemeinschaft der Essener aufgehalten, die damals in Qumran am Toten Meer lebte. In Höhlen bei Qumran fand man Mitte des 20. Jahrhunderts antike Schriftrollen, deren Texte in der Tradition der jüdischen Mystik stehen. Ob Jesus sie kannte, ließ sich bisher nicht klären.

Der Rabbiner Walter Homolka verweist in einem neuen Buch *Der Jude Jesus – Eine Heimholung* auf mittelalterliche jüdische Quellen, die meinten, »Jesus und seine Schüler« seien »wirkliche Kabbalisten«, also Vertreter der jüdischen Mystik gewesen. Bei der Entwicklung »der Lehre von der Trinität« – das wird kritisch angemerkt – seien sie allerdings »in ihrer Wissenschaft« fehlgegangen.

Wie dem auch sei: Parallelen zwischen den visionären Schilderungen des Neuen Testaments und Vorstellungen, die man in der jüdischen »Merkaba-« beziehungsweise »Thronmystik« des 1. Jahrhunderts findet, sind nicht zu übersehen. Allerdings »weiß der jüdische Mystiker« in aller Regel um die enorme »Distanz zwischen Schöpfer und Geschöpf«, meint Gershom Scholem: Nur ganz selten, so der Forscher, habe er von ekstatischen Zuständen gehört, die jüdische Mystiker »als Vereinigung mit Gott« empfanden, als Erlebnis, bei dem »die menschliche Individualität sich vollständig verliert und in den Strom des Göttlichen eintaucht«.

Erst im 13. Jahrhundert machte der Spanier Abraham Abulafia eine Form der jüdischen Mystik populär, die ausdrücklich eine ekstatische Nähe zu Gott herbeiführen möchte. Um den Abstand zwischen Gott und Mensch zu überbrücken, rät Abulafia dem Mystiker:
»Erwähle dir eine einsame Stätte. Gib acht, all deine Gedanken von den Eitelkeiten der Welt abzuwenden. Und wisse: Je stärker der Einfluss von oben her sein wird, desto schwächer werden deine Glieder. Sei in diesem Moment bereit, den Tod bewusst zu erwählen, dann wirst du [auch bereit sein], Gottes Einfluss aufzunehmen.«

Der Wunsch, das Ego vor Gott so weit zu reduzieren, dass dies einem gewissen »Sterben« gleichkommt, spielt auch in der muslimischen oder christlichen Mystik des Mittelalters eine zentrale Rolle. Wir werden später ausführlicher darauf eingehen. Hier mag ein Hinweis auf den Mystiker Meister Eckhart genügen, der im 13. Jahrhundert sagte:

»Die Seele soll so sehr mit Gott vereint sein, dass es ihr so vorkommt, als sei nichts mehr als Gott allein! Die Seele, die dies tut, ist Gott.«

Bei muslimischen Mystikern findet man ähnliche Gedanken. Der orientalische Sufi Dschalāl ad-Dīn Rūmī schrieb ebenfalls im 13. Jahrhundert:

»Verbrenne die Finsternis deines Ich-Seins. Löse dich auf in das Dasein dessen, der Erhalter von allem ist. Stirb deinem Ich und komm zum Leben aus Gott, dann wirst du wahrhaftig mit Gott eins, in absolutem Eins-Sein.«

Die Suche nach Einheit mit Gott ist in der Regel in allen Religionen mit Meditationsübungen und einem Rückzug in die Einsamkeit verbunden. Heute spricht man von Retreats, Sessions oder Exerzitien. In der Bibel wird berichtet, wie Jesus vor 2000 Jahren eine Zeit des Rückzugs von 40 Tagen allein in der Wüste verbrachte.

Dabei hatte er, so heißt es, mehrere Versuchungen zu bestehen. Aus psychologischer Sicht ging es für Jesus um durchaus menschliche Wünsche, um sehr nüchterne, rationale Überlegungen, ja, kurzgefasst um die Frage: Wäre es nicht sinnvoll, mit den Kräften, die Gott ihm schenkte, weltlichen Besitz, Macht oder Einfluss zu gewinnen? Im Matthäusevangelium (Mt 4,8 f.) heißt es schließlich:

»Wieder nahm ihn der Teufel mit auf einen sehr hohen Berg; er zeigte ihm alle Reiche der Welt und ihre Herrlichkeit und sagte zu ihm: Das alles will ich dir geben, wenn du niederfällst und mich anbetest. Da sagte Jesus zu ihm: Hinweg, Satan! Denn es steht geschrieben: Den Herrn, deinen Gott, sollst du anbeten und ihm allein dienen. Da verließ ihn der Teufel und Engel traten hinzu und dienten ihm.«

Letztlich beschreibt der Text den Prozess, bei dem ein Mystiker seinen Egoismus und seine Egozentrik überwindet und endgültig frei wird für Gott. Die Schilderung zeigt eine zutiefst menschliche Seite Jesu. Später wird er kurz vor seiner Verhaftung im Garten Gethsemane noch einmal seinen Entschluss bekräftigen, nicht den eigenen Kräften, sondern Gott bedingungslos zu vertrauen. Jesus wird dann trotz größter Todesangst den »Vater« bitten: »Nicht mein, sondern dein Wille soll geschehen« (Lk 22,42).

In beiden Fällen wird der Entschluss Jesu symbolisch von einer Vision begleitet, in deren Verlauf ihn Engel stärken. Stets aufs Neue soll das literarische Motiv zeigen, wie nahe Gott Jesus ist. Zugleich wird aber deutlich: Nicht visionäre Erlebnisse weisen Jesus als Mystiker aus, sondern die innere Haltung, die sein ganzes Leben zunehmend prägt. Sie kommt vor allem im Johannesevangelium, das später als die anderen Evangelien entstand, zum Ausdruck, wenn Jesus sagt: »Ich und der Vater sind eins« (Joh 10,30).

Ich habe oft und lange über diesen Satz Jesu nachgedacht: »Ich und der Vater sind eins.« Das regelmäßige betende Lesen in der Bibel, die sogenannte Lectio divina, *ist für uns Benediktiner ja die wichtigste Meditationsübung. Da-*

bei hat mich das Johannesevangelium immer besonders fasziniert. Denn es befasst sich stärker als die anderen Evangelien mit dem Geheimnis Jesu und seiner Beziehung zu Gott.

Der Anspruch Jesu, eins mit Gott zu sein, der in diesem Evangelium immer wieder deutlich wird, führte schließlich zur Klage der damaligen jüdischen Autoritäten gegen Jesus: Er habe sich selbst zu Gott gemacht und damit Gott gelästert, hieß es. Für den römischen Befehlshaber Pilatus, der über ihn zu urteilen hatte, war Jesus wohl ein Unschuldiger. Am ehesten verfing wohl noch der Vorwurf, er wiegle das Volk auf. Jesus wurde jedenfalls verurteilt und hingerichtet.

Aufgrund seiner tiefen Beziehung zu Gott gelangte Jesus jedoch durch den Tod am Kreuz hindurch zur Auferstehung, das heißt zur bleibenden Einheit mit Gott: »Ich und der Vater sind eins«, das war das Selbstverständnis Jesu. Er fordert seine Jünger auf, genau hinzusehen: »Damit ihr erkennt und einseht, dass in mir der Vater ist und ich im Vater bin« (Joh 10,38).

Die oft schwer verständlichen Aussagen des Johannesevangeliums bildeten neben anderen den Ausgangspunkt für das Ringen im Christentum der ersten drei Jahrhunderte: Man versuchte auf der Basis der griechischen Philosophie das Geheimnis Gottes intellektuell zu verstehen, dem man in Jesus begegnet war. Das glich dem Versuch einer Quadratur des Kreises – die bekanntlich mathematisch unmöglich ist – und mündete in die Trinitätslehre: Gott sei einer, aber in drei Personen.

Die Theorie war viel zu kompliziert, um nicht weitere Spekulationen und Spaltungen auszulösen. Der Prophet

Mohammad kehrte im 6. Jahrhundert angesichts dieser Schwierigkeiten und mit Rücksicht auf ein einfaches Volk zu einem absoluten Ein-Gott-Glauben zurück: ein Gott, eine Person – und Jesus nicht mehr und nicht weniger als ein begnadeter Prophet. Mohammed meinte damals, Klarheit zu schaffen, wurde aber aus christlicher Sicht manchen Texten der Evangelien nicht gerecht. Ein ernsthafter theologischer Dialog zwischen den Religionen kam aber leider – mit wenigen Ausnahmen – nie zustande.

Die ganze Theologiegeschichte bis auf unsere Tage ist dagegen durchwoben von dem Ringen um die Fragen der Trinität: Wer ist Gott, wer Jesus Christus und wer der von ihm verheißene Beistand, der Heilige Geist? Ich frage mich manchmal: Haben wir uns verrannt?

Je länger ich die biblischen Worte meditiere, je näher ich die Gestalt Jesu an mich heranlasse, desto mehr glaube ich jedenfalls: Eine geeignete Antwort für unsere Zeit finden wir nur, wenn wir uns jenseits der Theorien zurückbesinnen auf das, was Jesus wollte, nämlich das Geheimnis der Liebe Gottes in die Welt tragen: »Das ist mein Gebot, dass ihr einander liebt, wie ich euch geliebt habe. Dies trage ich euch auf: Liebt einander!« (Joh 15,12.17). (Notker)

Auf der Basis des Johannesevangeliums kann man sagen: Die Liebe, die ein Mensch im Leben verwirklicht, ist ein Maßstab für seine Einheit mit Gott. Dieser Aspekt ist entscheidend. Denn der Anspruch eines Menschen, »eins mit Gott« zu sein, könnte in der Tat als maßlose Selbstüberschätzung oder gefährlicher Irrtum eingestuft werden – damals wie heute.

Versteht man diese Einheit aber als äußerste Konsequenz der Liebe im Kontext der Mystik, bekommt sie einen anderen

Klang: Weiß doch jeder ehrliche Mystiker, dass in ihm dann und nur dann Raum für Gott entsteht, wenn er sich selbst auf null reduziert und an die Stelle des eigenen Ichs das Du Gottes treten lässt.

Genau davon spricht das Johannesevangelium, wenn es vom Rückzug des jungen Rabbis aus Nazareth in die Wüste erzählt und schildert, wie es ihm gelang, dort alle egozentrischen Interessen abzustreifen und sich Gott ganz anzuvertrauen.

Der letzte Schritt dieses mystischen Sterbens Jesu vollzieht sich dann in seinem realen Sterben am Kreuz. Hier vollendet sich seine Einheit mit Gott. Seine Auferstehung ist der sichtbare Ausdruck dieses Geschehens. Sie bezeichnet den Moment, in dem Jesu Nachfolger endgültig verstehen, dass der Geist Gottes durch ihn und in ihm in der Welt konkret wird.

All diese Formulierungen mögen unzulänglich sein, aber sie können einen Beitrag leisten zu einem ebenso tiefen wie zeitgemäßen Verständnis Jesu. Muslimische Mystiker aller Zeiten haben ihn aufgrund seiner Demut, Barmherzigkeit und Liebe als Vorbild schlechthin bewundert. Hier könnte ein Dialog mit dem Islam anschließen.

Walter Homolka sieht im Blick auf die Interpretation Jesu großen Gesprächsbedarf zwischen Christen und Juden. Dabei sei »die innerjüdische Aufgabe, sich der eigenen mystisch-esoterischen Tradition stärker bewusst zu werden«, so der Rabbiner. Durch das Studium solcher jüdischer Traditionen könnte das Jesusbild des Neuen Testaments und des frühen Christentums »besser verständlich werden«.

Ávila: In der romantischen mittelalterlichen Kleinstadt nördlich von Madrid lebten vor rund 500 Jahren die bekannten spanischen Mystiker Teresa de Jesús und Juan de la Cruz – Teresa von Ávila und Johannes vom Kreuz. Zahlreiche historische Kirchen und Klöster sowie die stimmungsvolle gotische Kathedrale geben bis heute Zeugnis von der Atmosphäre, die einst die beiden Mystiker prägte.

Zur Erinnerung an diese großen Gestalten der Kirchengeschichte hat der von ihnen begründete Ordenszweig der Unbeschuhten Karmeliten vor einigen Jahren in Ávila eine Universität der Mystik gegründet: die Universidad de la Mística.

2019 fand hier erstmals ein internationaler Kongress statt, der mich als Journalistin in die Stadt lockte. Er sollte die karmelitische Tradition und die jüdische Mystik ins Gespräch bringen. An ihm nahm unter anderem der Vorsitzende der Organisation der sephardischen Juden Spaniens Milton Cohen-Henríquez teil.

»Jesus war ein Mystiker, natürlich«, betonte er in einem Interview, »für mich ist das ganz klar. Denn sehen Sie: Die Mystik formuliert grundlegende Wahrheiten, die Menschen aller Kulturen verbinden. Vermutlich waren alle Gründer großer Religionen Mystiker, so auch Jesus. Denn mystische Erfahrungen sind uralt. Die einzelnen Mystiker haben ihnen nur eine bestimmte kulturelle Prägung gegeben.«

In den Gesprächen wurde mir nach und nach deutlich, wie nah sich die mystischen Schulen der Religionen sind. Gab es doch schon vor Urzeiten orientalische Händler, die mit Karawanen auf den Seidenstraßen nach Indien und China, Nordafrika und Spanien zogen. Dabei tauschte man nicht nur Stoffe und Gewürze aus, sondern auch religiöse Ideen. In besonderer Weise blühten unter maurischer Herrschaft im mittelalterlichen Andalusien die Kon-

takte zwischen jüdischen, christlichen und muslimischen Philosophen auf.

»Die mystischen Traditionen haben einander damals intensiv beeinflusst«, meinte Cohen-Henríquez: »Ich denke daher, die Mystik ist auch heute der beste Weg, um alle Glaubensrichtungen in einen interreligiösen Austausch zu bringen. Alle Mystiker wissen, dass es eine grundlegende Wahrheit gibt, aus der die Welt lebt. Und sie fordern den Menschen auf: Willst du die Welt verändern, besinne dich auf diese Wahrheit, auf Gott, und ändere zuerst dich selbst!« – Hat nicht genau dies auch Jesus vorgelebt? (Corinna)

Zu sagen, »Jesus war Mystiker«, bedeutet, seine Verankerung in Gott ebenso ernst zu nehmen wie seine Menschlichkeit. Anders gesagt: Jesus wurde zwar aus dem Geheimnis Gottes heraus geboren, aber er kam nicht als »Superman« zur Welt, sondern als einfaches, kleines Kind. Was auch immer in den ersten Jahrzehnten seines Lebens geschehen sein mag: Jesus wurde nicht von einem Tag auf den anderen zu einem Mann oder zum Mystiker. Seine Überzeugung, »eins« mit Gott zu sein, fiel nicht plötzlich vom Himmel, sondern reifte im Lauf der Jahre.

Den Geist Gottes, der durch ihn in die Welt kam, haben spirituell sensible Menschen aller Zeiten und Religionen auf ihre Weise wahrgenommen. Als vollkommener Mystiker wurde der Rabbi aus Palästina vielen zum Vorbild, keineswegs nur bekennenden Christen.

Unlängst bekam ich von Freunden ein spannendes Buch geschenkt. Verfasser ist der kalifornische Zenlehrer Steven Gray alias Adyashanti. Ich las, dass er in einer stark säku-

lar geprägten christlichen Kultur aufgewachsen war und seine Erfüllung schließlich im Buddhismus fand. In einer Veröffentlichung unter dem Titel Jesus, der Zenmeister hat er aufgrund seiner eigenen spirituellen Erfahrungen versucht, den Weg Jesu neu zu verstehen:

> Für jeden Menschen könne es im Leben ein »spirituelles Erwachen« geben, meint Adyashanti, einen »Ruf«, der die Bahn des eigenen Lebens radikal ändert und neu ausrichtet: »Das geschieht [bei Jesus] ganz zu Beginn, als Johannes der Täufer ihn im Jordan tauft. Die Beschreibung, wie der Geist nach der Taufe in Jesus hineinfließt, entspricht genau meiner eigenen Erfahrung. Ich lese diese Geschichte von Jesus als Metapher für spirituelles Erwachen. Wenn Sie dieses Herabkommen des Geistes erfahren haben, wissen Sie genau, wovon diese Stelle in der Bibel spricht. Man kann viele Worte benutzen, aber es ist die Erfahrung, die zählt.«
>
> Der Zenmeister kommt daher zu dem Schluss: »Die Geschichte von Jesus ist ein Muster des spirituellen Erwachens für jeden, der Augen hat, es zu sehen, oder die Erfahrung, es zu bemerken.« – Wer je ernsthafte mystische Erfahrungen machen durfte, kann dem nur zustimmen. (Corinna)

Einen nicht minder spannenden Zugang zur Person Jesu findet man bei der schweizerischen Psychotherapeutin Monika Renz. In einem kürzlich erschienenen Buch mit dem Titel Der Mystiker aus Nazaret nähert sie sich Jesus aus psychologischer Perspektive.

Renz betreut seit vielen Jahren am Kantonsspital St. Gallen Schwerstkranke und Sterbende. Sie habe dabei, nach eigenen Aussagen, tiefe Einblicke in das Wesen des Menschen gewonnen und immer wieder beobachtet, wie sehr die geistige Begegnung mit Jesus Kraft gibt, ja oft sogar »heilend« wirkt. In erster Linie gehe es hier nicht um die Heilung einzelner Krankheiten, sondern um eine Art »Urheilung«, so die Therapeutin: um einen Prozess, bei dem Menschen Gott neu finden, den sie aus dem Blick verloren haben und der doch ihr Lebensnerv ist.

Die Ursünde der Menschheit und ihren Hang zum Bösen begreift Monika Renz dabei grundsätzlich als »Abspaltung« vom Guten beziehungsweise von Gott. Diese »Spaltung«, die sich auch in der Seele des Menschen spiegle, habe Jesus als »Mystiker« ein für alle Mal überwunden. Denn »er war ganz Mensch und doch in (größter) Intensität eins mit Gott«, der für ihn die »Kraftquelle« war, so die Psychologin. Daher habe Jesus sagen können: »Ich und der Vater sind eins.«

Aufgrund vieler Schicksale, die sie begleitet hat, zeigt Renz sich überzeugt: Wer sich innerlich mit Jesus identifiziert, kann zu einem neuen Bewusstsein kommen, zu einer neuen »Bejahung« des Lebens. Die Begegnung mit dem »Mystiker aus Nazaret« kann aus therapeutischer Sicht einen Reifungsprozess bewirken, bis hin zu einem ruhigen Tod.

Die moderne Psychologie eröffnet hier einen neuen Zugang zu alten religiösen Erfahrungen. Doch bei all dem gilt: Man mag Jesus theologisch, philosophisch oder psychologisch betrachten, aus wissenschaftlicher Perspektive bleibt er immer unnahbar. Zur »zweiten Person der Trinität« können Gläubige bestenfalls aufschauen. Ihr auf Augenhöhe zu begegnen ist nicht möglich. Erst wenn Jesus sich als Mensch und Mystiker neben uns setzt, wird er zum Bruder und zum Vorbild, das Kraft gibt, Wege weist und vielleicht sogar heilt.

Ein Song der Rockband Feedback, in der ich lange musiziert habe, heißt: My best Friend – *»Mein bester Freund«.*

Er bezieht sich auf Jesus. Es ist diese enge, freundschaftliche Beziehung zu Jesus, die letztlich mein ganzes Leben begleitet hat. Wie oft habe ich in schwierigen Situationen gespürt: Er steht direkt hinter mir. Und sein Rat war immer derselbe: Liebe die anderen, auch wenn es schwerfällt!

Die Liebe nach dem Vorbild Jesu führt zur Erkenntnis Gottes und lässt den Menschen mit Gott eins werden. Das ist in letzter Konsequenz die Mystik Jesu. Es ist die christliche Mystik. Die einen vertiefen sich kontemplativ in dieses Geheimnis, die andern üben die praktische Liebe im Einsatz für den Nächsten, für die Armen und Schwachen und erfahren darin etwas vom Geheimnis Gottes selbst: In jedem Fall vereint uns die Liebe mit ihm.

Ich sehe darin eine Art »Grund-Mystik«, die jedem Christen möglich ist und wohl darüber hinaus allen Menschen, die – bewusst oder unbewusst – dem Rat Jesu folgen. Deshalb kann ich nur fassungslos den Kopf schütteln, wenn ich sehe, wie Interpretationen des Gottesgeheimnisses Menschen und Völker gegeneinander aufbringen und entzweien konnten. Hat man Jesu Botschaft wirklich nicht verstanden? Nur wer liebt, erkennt Gott, betont der erste Johannesbrief. (Notker)

An dieser Stelle ist uns noch eine weitere Überlegung wichtig: Es gibt in allen Weltreligionen mystische Strömungen, auf die wir im Fortgang auch immer wieder verweisen werden. Wir denken, dass sie alle aus authentischen Begegnungen mit dem einen Urgrund allen Seins hervorgegangen sind, den Jesus als Schöpfer, Gott oder Vater bezeichnet. Aber wir können sie alle nur vor dem Hintergrund ihrer eigenen Kultur und Tradition richtig verstehen.

Interessant ist zu diesem Thema eine Stelle in den Abschieds-
reden des Johannesevangeliums. Dort sagt Jesus: »Glaubt an
Gott und glaubt an mich« (Joh 14,1). Und schon im nächsten
Satz liest man: »Im Haus meines Vaters sind viele Wohnun-
gen.« Für uns heißt das: Gott weiß um die zahllosen Charak-
tere dieser Welt. – Und wir sind sicher: Er hat für jeden einen
Platz. Sollte er nicht auch einen Platz für die haben, die Jesus
nicht kennen oder Gott auf andere Weise suchen?

Denn letztlich bleibt Gott für uns Menschen immer unfass-
bar, unbegreiflich. Wenn wir meinen, ihn auf die Vorstellungen
einer bestimmten Religion festlegen zu können, laufen wir Gefahr, nicht ihn anzubeten, sondern ein Bild von ihm. Auch Jesus von Nazareth, der uns so viel von Gott offenbart hat, bleibt
immer ein Geheimnis.

Jesus als Mystiker zu begreifen ist ein bescheidener Versuch,
seinem Geheimnis und Beispiel näherzukommen, über das es
im 1. Johannesbrief heißt: »Niemand hat Gott jemals gesehen«,
aber »wenn wir einander lieben, bleibt Gott in uns und seine
Liebe ist in uns vollendet« (1 Joh 4,12).

Wer die Wahrheit fassen will,
wird scheitern,
und wer sie zu beschreiben sucht,
der findet keine Worte.
Nur wer im Herzen
staunend niederkniet,
den berührt sie
in der Tiefe seiner Seele.

Krisen als Chance nutzen

Die Hand spüren, die dich
über dem Abgrund hält

Wir meinen: Jeder Mensch kann dem Vorbild Jesu oder anderer mystischer Gestalten folgen. Jeder Einzelne kann zum Mystiker werden und eine tiefere Dimension des eigenen Lebens erfahren – sei es auch nur für einen kostbaren Moment.

Allerdings lassen sich solche Erfahrungen nie erzwingen. Das Göttliche bleibt unverfügbar. Sonst wäre es nicht der Urgrund allen Seins, das unbegreifliche umfassende Geheimnis. Vielmehr wird uns seine Nähe oft ohne große Anstrengungen, spontan und unerwartet bewusst. Aber wer sie erfährt, wird dankbar staunen. Voraussetzung ist in der Regel nicht mehr und nicht weniger als eine gewisse spirituelle Offenheit.

Was also ist für den Weg der Mystik typisch? Die Details sehen in jedem Leben anders aus, jeder geht die Schritte auf seine Weise und in individueller Reihenfolge. Dennoch gibt es einige charakteristische Elemente, auf die man in den mystischen Erfahrungen der Jahrhunderte immer wieder trifft. Der Ausgangspunkt ist sehr oft eine menschliche Krise.

1974 lehrte ich als Professor in Rom an unserer Benediktinerhochschule Sant'Anselmo Philosophie. Im Dezember war ich gezwungen, einige Wochen im Krankenhaus auf der nahe gelegenen Tiberinsel zu verbringen. Ich hatte gehofft, zu Weihnachten in unsere Gemeinschaft zurück-

kehren zu können. Aber meine Blutwerte wollten sich nicht so recht bessern.

Dann kam Heiligabend und die Ärzte teilten mir die neuesten Laborwerte mit: Sie waren schlechter als je zuvor. Ich sollte über Weihnachten im Krankenhaus bleiben: ausgerechnet Weihnachten – ohne Freunde und Mitbrüder, ohne Gottesdienste, ohne Kerzen und Krippe … Das war ein harter Schlag.

Ich war frustriert, ja verzweifelt und verlor nach und nach jede Hoffnung. Allmählich wurde es dunkel: um mich herum und in mir. Schließlich hatte ich das Gefühl, ich würde fallen, immer tiefer in eine namenlose Dunkelheit tauchen. Ich konnte nur noch stammeln: »Herr, erbarme dich meiner!« Doch ich sank tiefer und tiefer.

Aber während ich betete, spürte ich plötzlich unter mir eine Hand, die mich nicht weiter fallen ließ, sondern auffing. Für mich war es die Hand Gottes. Mit einem Mal hellte sich mein Gemütszustand auf. Meine Angst und meine Niedergeschlagenheit verschwanden. Ich wusste mich mit einem Mal wieder in Gott geborgen, was auch immer kommen würde. Es war für mich ein unfassbares Geschenk.

Etwas später besuchten mich meine Eltern im Krankenhaus. Sie waren extra aus Deutschland angereist. Ich lag immer noch im Bett, konnte ihnen aber trotzdem mit frohem Gesicht entgegenstrahlen. Ich hatte wieder Hoffnung, sah wieder eine Zukunft.

Als ich viele Jahre später als Erzabt eines unserer Klöster in Venezuela besuchte, sangen meine Mitbrüder dort zum Abschluss des Abendgebets: »En tus manos, Señor, encomiendo mi espíritu« – In deine Hände empfehle ich

meinen Geist, mein Leben. Als ich den schlichten Gesang
hörte, dachte ich erneut an das Erlebnis auf der Tiber-
insel: Dieses wunderbare Gefühl der Geborgenheit in Gott
trägt mich bis zum heutigen Tag. (Notker)

Seelsorger und Psychologen haben immer wieder beobachtet, dass Menschen im Verlauf schwerer, vielleicht sogar tödlicher Erkrankungen – bewusst oder unbewusst – neu nach Gott suchen. Man liest von erstaunlichen Fällen, bei denen Betroffene nach langem Ringen mit Jesus beziehungsweise Gott in Kontakt kommen und dabei Frieden und Kraft finden – sei es zum Leben oder zum Sterben.

Interessant ist in diesem Zusammenhang, dass in den Heilungserzählungen des Neuen Testaments Jesus weder Medizin verabreicht noch komplizierte intellektuelle Diskussionen führt. Er erinnert Hilfesuchende vielmehr direkt oder indirekt an ihren Glauben.

Die Therapeutin Monika Renz interpretiert das Geschehen so: Jesus setzt »auf einen Vertrauensakt des mündigen Menschen, auf eine Erfahrung und Instanz im Menschen drin, auf einen Gott, der schon *da* ist«. Mit anderen Worten: Aus tiefenpsychologischer Sicht beantwortet diese Instanz eine Ursehnsucht nach Geborgenheit, die von jeher zum Mensch-Sein gehört.

Ich war noch Studentin, arbeitete gerade an einer theo-
logischen Doktorarbeit, als mein Vater zunehmend an
Alzheimer erkrankte. Die folgenden Jahre bis zu seinem
Tod, bei dem er friedlich im Kreis unserer Familie ein-
schlafen durfte, waren ein Spießrutenlauf. Denn die fort-
schreitenden Bewusstseinsstörungen hatten bei ihm auch

schwere körperliche Probleme zur Folge: Stürze, Brüche, Infektionen ...

Es war eine verzweifelte Situation: Ein kreativer Künstler wie mein Vater saß schließlich nur mehr hilflos im Rollstuhl und konnte sich kaum noch artikulieren. Die Krankheit zerstörte den Menschen gnadenlos. Das Pflege- und Gesundheitssystem war überfordert. Hilflosigkeit machte sich auf allen Seiten breit. Meine Mutter erkrankte aufgrund der Überlastung bald darauf ebenfalls lebensgefährlich.

Und ich? Ich fühlte in diesen Jahren oft keinen Boden mehr unter den Füßen. Da waren 1000 Sorgen, 1000 Fragen, aber keine Antworten. Ich sah unter mir nichts, nur einen dunklen, tiefen Abgrund, in den ich jederzeit hätte stürzen können. Meine eigene Kraft war irgendwann vollständig aufgebraucht.

Und doch: Etwas hielt mich! Ich kann es nur bildlich ausdrücken: Ich fühlte tief in mir einen »Faden«, der mich in dieser Zeit nie losließ, sondern trug. Es war kein dickes Tau, nein, ein dünner, fast unsichtbarer Faden, der doch stark genug war, mir Halt zu geben.

Nach und nach wurde mir bewusst, dass ich auf diesen Halt bedingungslos vertrauen konnte. Diese Erfahrung bedeutete für mich inmitten von Chaos, Schmerz und Unsicherheit ein unendliches Geschenk. Das Vertrauen auf diese Kraft begleitet seither mein Leben. (Corinna)

Die moderne Entwicklungspsychologie hat gezeigt, dass Krisen im Leben sehr oft die Basis für eine wichtige Neuorientierung bilden. Nicht selten bewahrheitet sich dabei der Satz: »Jede Krise ist eine Chance!« Allerdings wird nicht jeder, der eine Krise erlebt, das Licht am Ende des Tunnels rasch bemerken.

Krisen sehen in jedem Menschenleben anders aus. Für manche setzen Schockerlebnisse wie Kriege, Krankheiten oder Todesfälle eine jähe Zäsur, andere können von ihrer bisherigen Lebenssituation ruhig und schrittweise Abschied nehmen. Schmerzhaft ist jede Krise: Weltbilder geraten ins Wanken. Es gilt, Vertrautes aufzugeben, oft auch Wünsche oder Träume loszulassen. Die Veränderung wird daher immer von Zweifeln, Irritationen und Ängsten begleitet.

Am Ende steht aber, wenn alles gut läuft, ein großer Zugewinn, den Begriffe wie Bewusstheit, Offenheit oder auch Reife nur unzureichend beschreiben. Die Tiefenpsychologie bezeichnet den Vorgang, bei dem jeder Mensch zunehmend seiner selbst bewusst wird, seit C. G. Jung als »Individuation«, als Weg zum eigenen Selbst.

»Werde, der du bist!«, sagte schon der antike griechische Dichter Pindar. Denn fest steht: Jede neue Einsicht ist nur ein Schritt auf dem langen Weg, in dessen Verlauf ein Mensch reif und mündig wird. Wer religiös ist, wird vielleicht sagen: Es ist nur ein weiterer Schritt auf dem Weg, den Gott mit einem Menschen geht.

Jedenfalls wird man von Fall zu Fall seine bisherige Spiritualität korrigieren und überholte Gottesbilder loslassen müssen. Es gilt, sich immer wieder neu zu öffnen für das unfassbare Geheimnis. Zu entdecken, dass Gott anders ist als jedes Bild, das wir uns von ihm machen, ist eine nie endende Herausforderung – und ein immer neuer Gewinn.

Dazu gehören Mut und Geduld. Der Kinderglaube muss Platz machen für zeitgemäßere Konzepte. Dann wird unsere Vorstellung von Gott nach und nach tragfähiger, belastbarer.

Gottesbilder reifen mit dem Menschen. – Rainer Maria Rilke hat es einmal in einem Gedicht ausgedrückt:

Alle, welche dich suchen, versuchen dich.
Und die, die dich finden, binden dich
an Bild und Gebärde.

Ich aber will dich begreifen,
wie dich die Erde begreift;
mit meinem Reifen
reift
dein Reich.

Ich will von dir keine Eitelkeit,
die dich beweist.

Ich weiß, dass die Zeit
anders heißt
als du.

Tu mir kein Wunder zulieb.
Gib deinen Gesetzen recht,
die von Geschlecht zu Geschlecht
sichtbarer sind.

In Rilkes Sätzen klingt das Wesentlichste indirekt an: Krisen lehren auch Demut. Diese alte Tugend spielt schon bei den antiken Wüstenmönchen eine zentrale Rolle. Demut vor Gott gilt bei ihnen als stärkste Waffe gegen das Böse, Überheblichkeit dagegen als größtes Einfallstor für dessen zerstörerische Macht. In mancher Hinsicht ein sehr moderner Gedanke!

Demut hat auch viel mit menschlicher Reife zu tun. In der Regel Benedikts werden zwölf Stufen der Demut beschrieben, die ein Mönch gehen soll. Wenn er diese Aufgabe erfüllt hat, so heißt es, »gelangt er alsbald zu jener vollendeten Gottesliebe, die alle Furcht vertreibt«.

Entscheidend ist: Demut bedeutet etwas ganz anderes als Schwäche. Demut meint nicht aufgeben, einknicken, davonlaufen. Ganz im Gegenteil: Sie ist eine bewusste Haltung, die um die eigenen Schwächen und Grenzen weiß und sich positiv zu ihnen verhält. Aus Demut wächst das Vertrauen in eine höhere Macht. Wer demütig ist, dem ist bewusst: Ich kann nicht alles selbst machen, ich muss es auch gar nicht, ich kann und soll vielmehr im richtigen Moment vertrauen.

Demut ist in der Mission ebenso wichtig wie im Blick auf die tägliche Lebensführung oder die eigene Karriere. Wer demütig ist, weiß: Er muss nichts erzwingen, schon gar nicht mit unsauberen Mitteln. Er muss sich engagieren, um ein Ziel zu erreichen, aber dort, wo es sinnvoll ist, auch die Zügel aus der Hand geben.

Die Geschichte des Missionars Chanel, der im Südpazifik auf einer Insel Kranke pflegte und Sterbende begleitete, aber nicht missionarisch tätig sein durfte, war mir zum Stichwort »Demut« eine Lehre fürs Leben. Er wurde von Einheimischen getötet, als sich der Sohn eines Stammesoberhauptes taufen lassen wollte. Von außen her betrachtet war es ein gescheitertes Leben, ebenso gescheitert schien das Leben Jesu, als er am Kreuz starb.

Doch die Story ging in beiden Fällen weiter: Ein oder zwei Jahre nach Chanels Tod kamen befreundete Missionare auf die Insel, auf der er gearbeitet hatte, um ihn zu suchen. Sie waren perplex, als Einheimische von seinem Tod erzählten und hinzufügten: Im Augenblick von Chanels Tod sei ihnen aufgegangen, was dieser Mann ihnen bringen wollte. Nun baten sie alle darum, getauft zu werden.

Dieses Beispiel lehrte mich: Der Einsatz für Gott und sein Evangelium gibt meinem Leben zwar einen Sinn, aber ich darf nie auf den Erfolg schauen. Wenn ich mich für Christus einsetze, wird der Erfolg bestimmt kommen, aber ich brauche ihn nicht zu sehen. Das hat mich Zeit meines Lebens vor jedem Erfolgsdruck bewahrt und mir eine große innere Freiheit geschenkt.

Als ich 1977 zum Erzabt von Sankt Ottilien und im Jahr 2000 sogar zum Abtprimas der weltweiten Konföderation der Benediktiner in Rom gewählt wurde, habe ich diese Ämter nie aktiv angestrebt. Ganz im Gegenteil. Ich habe die Last der Verantwortung, die mit ihnen verbunden war, nur akzeptiert in dem Bewusstsein, dass letztlich ein anderer meine Schritte lenkt. (Notker)

Demut ist das Gegenteil von Egozentrik. Demut ist eine Haltung, die uns kritisch gegenüber Fixierungen sein lässt, die zum Umdenken inspiriert und somit Neubeginn ermöglicht. Ein klassisches Beispiel dafür ist die Bekehrung des Apostels Paulus, von der die Bibel erzählt.

Paulus, der ursprünglich Saulus hieß, hatte von seinem Vater, einem Pharisäer, das römische Bürgerrecht geerbt und verfolgte die ersten Christen unerbittlich. Doch als er wieder einmal durch die syrische Wüste nach Damaskus ritt, um dort einige Christen gefangen zu nehmen, kam es zu einem unerwarteten Zwischenfall:

Paulus sah ein »blendendes Licht«, er »stürzte zu Boden« und hörte, wie ihn eine Stimme fragte: »Warum verfolgst du mich?« Er erkannte in dem Fragenden Jesus, der ihn anschließend aufforderte, weiterzuziehen und in Damaskus auf Anordnungen zu warten. Als Paulus sich erhob, heißt es, war er »drei Tage lang blind und aß und trank nichts«. Erst in Damaskus eröffneten sich ihm neue Perspektiven. Dort, so liest man, wurde Paulus vom »Heiligen Geist erfüllt« und es fiel ihm »wie Schuppen von seinen Augen. Er sah wieder« (Apg 9, 3 ff.).

Die spannende, symbolträchtige Erzählung beschreibt eine psychologische Entwicklung, für die zwei mystische Erlebnisse den Ausschlag geben: Die Begegnung mit einem »Licht« und mit Jesus in der Wüste lässt sich als Vision deuten. Der Sturz, der eine dreitägige Erblindung nach sich zieht, versinnbildlicht wiederum eine schwere weltanschauliche Krise.

Was genau damals geschah, ist zweitrangig. Fest steht aus psychologischer Sicht: Es stürzte Paulus in solch tiefe Zweifel, dass ihm seine »Blindheit« bewusst wurde. Der ungläubige Verfolger der Christen wurde daraufhin demütig und lernte, auf andere zu hören. So erkannte er seinen Irrtum, orientierte sich neu und wurde zu einem der glühendsten Anhänger Jesu.

Selbst seine physische Schwäche, die Paulus zuvor wie einen »Stachel im Fleisch« empfand, konnte er fortan akzeptieren. Das gelang ihm – nach eigenen Angaben – aufgrund eines neuen Vertrauens in Gott, dessen »Kraft« in der »Schwachheit« des Menschen zur Wirkung kommt (vgl. 2 Kor 12,9).

Es war kurz nach dem 11. September 2001: Islamistische Terroristen hatten Flugzeuge entführt und in die Türme des World Trade Centers von New York gesteuert. Tausende von Menschen waren gestorben. Ein Weltbild war ins Wan-

ken geraten. Verunsicherung machte sich auf allen Seiten breit. Koordinaten, an denen man sein Leben bisher ausgerichtet hatte, schienen plötzlich nicht mehr verlässlich.

Ich war damals auf Urlaub in Italien. Den Abschluss sollte ein mehrtägiger Aufenthalt in Rom bilden: ökumenische Freunde besuchen, Erinnerungen an meine Studienzeit auffrischen, die italienische Lebensfreude genießen. Aber gerade Letzteres fiel schwer. Denn unbewusst spürte jeder: Etwas stimmt nicht mehr in der Welt.

Der amerikanische Präsident Bush bereitete einen Einsatz gegen die Terroristen in Afghanistan vor und scheute sich nicht, dafür das Wort »Kreuzzug« zu verwenden. Angst vor einem Religionskrieg machte sich breit. Nicht nur für mich, für jeden, der im interreligiösen Dialog arbeitete, war das ein Albtraum.

Da hörte ich in Rom plötzlich von einem Friedensgipfel, den der Vatikan mithilfe der Basisgemeinschaft Sant'Egidio organisierte. Hunderte von führenden internationalen Religionsvertretern kamen spontan nach Rom: Vertreter der christlichen Konfessionen und Repräsentanten des Islams aus aller Welt.

Das Ergebnis des Gipfels war eine gemeinsame Verurteilung des Terrors und ein interreligiöser Friedensappell, der sogar die Vereinten Nationen erreichte. Es war ein wichtiger Schritt, um inmitten des politischen Kräftespiels dem Versuch einer Instrumentalisierung der Religionen entgegenzuwirken.

Da die Organisation sehr kurzfristig stattfand und das vatikanische Presseamt damals noch kaum das Internet benutzte, waren zwar viele italienische Journalisten vor Ort, aber fast keine Vertreter der internationalen Presse.

Von Freunden aus Kirchenkreisen informiert, sprang ich trotz meines Urlaubs ein und berichtete für den Rundfunk der ARD.

Damals begriff ich, dass ich in Rom auch weiterhin eine Aufgabe hatte. Die Spannungen zwischen den Religionen, insbesondere zwischen Muslimen und Christen, waren nur durch Dialog zu überwinden. Aber für diesen Dialog brauchte man kompetente und aufgeschlossene Leute, von denen es noch viel zu wenige gab. Hier beginnt meine Zeit als freie Rom-Korrespondentin für die ARD – eine Aufgabe, die ich in aller Demut immer als Ruf verstanden habe und als persönliche Suche nach Auswegen in einer Weltkrise. (Corinna)

Viele Frauen und Männer durchlebten im Lauf der Kirchengeschichte Krisen, die ihre Heimat, die Welt oder auch nur ihr privates Leben massiv erschütterten. Manche zerbrachen daran. Andere wurden zu Reformern, zu Ordensgründern oder sogar zu Heiligen.

Sie alle mussten Traditionen, in denen sie aufgewachsen waren, zurücklassen und Berührungsängste gegenüber Neuerungen überwinden. Dass ihnen dies gelang, verdankten sie nicht selten mystischen Erlebnissen und einer spirituellen Leidenschaft, die stärker waren als alle Zweifel.

Ein Beispiel ist Franz von Assisi: Der 1182 geborene Sohn des wohlhabenden Tuchhändlers Bernardone gehörte in seiner Heimatstadt zur Oberschicht. Wie viele Jugendliche seines Alters träumte er von einer Karriere als Ritter und Edelmann. Mit 22 Jahren nahm er an einem Feldzug gegen die Nachbarstadt Perugia teil und geriet in Gefangenschaft. Für den jungen Italiener war es der Anfang einer Lebenskrise:

»Am Abend nach der Schlacht saß Franz, schmutzig und erschöpft, mit seinen Standesgenossen im Verlies unter der Burg von Perugia«, berichtet der Historiker Adolf Holl: »Ein Jahr lang blieb er in Haft und wurde in dieser Zeit schwer krank. Im Winter 1203 gelang es dem Vater endlich, Franz freizukaufen.« Als er 1204 zu einem neuen Feldzug aufbrach, kamen Franz bald Zweifel an dem Unternehmen. Eine innere Stimme forderte ihn auf: »Kehr um!«

In der Folgezeit erlebten seine Freunde Franz oft als sonderbar. In einer Legende heißt es: »Auf einmal blieb Franz hinter den anderen zurück. Er war in tiefes Sinnen versunken. Denn plötzlich hatte ihn Gott berührt, und eine solche Süße erfüllte sein Herz, dass er weder reden noch sich bewegen konnte.«

Ab jetzt hat Franz öfter Visionen. Berühmt wird ein legendäres Ereignis aus dem Jahr 1206: Es schildert, wie Franz in dem Kirchlein San Damiano bei Assisi vor dem Kruzifix eine Stimme hört. Für ihn ist es die Stimme Jesu. Sie fordert ihn auf, Jesus zu dienen.

Der junge Italiener findet daraufhin die Kraft, sich aus den engen bürgerlichen Verhältnissen seiner Zeit zu lösen, jeden Standesdünkel hinter sich zu lassen und seiner inneren Stimme zu folgen: 1207 sagt er sich von seinem Vater los und beginnt, den Orden der sogenannten Minderbrüder aufzubauen, der Franziskaner.

Die Mystik begleitet von nun an sein ganzes Leben. »Franz erlebt schrittweise einen immer intensiveren Weg der Verwandlung und Vereinigung mit Jesus«, meint die Franziskanerin und Theologin Maria Domenica Melone: »Er macht immer tiefere mystische Erfahrungen und erfährt sogar Momente packender Schicksalsgemeinschaft mit Jesus: Franz hat alles Weltliche losgelassen und ist dadurch absolut frei geworden für Gott!«

Rund 300 Jahre später beginnt der Weg des Ignatius von Loyola in Spanien auf ähnliche Weise wie der von Franz: Der spanische Ritter wird 1521 bei einer kriegerischen Auseinandersetzung in Pamplona schwer verwundet. Auf dem Krankenlager denkt auch er über sein Leben nach und legt anschließend im Benediktinerkloster Montserrat eine umfassende Beichte ab.

Danach zieht sich Ignatius als asketischer Einsiedler für einige Monate in eine Höhle bei Manresa zurück. Hier hat er mystische Visionen, die ihn für die Zukunft prägen. Danach beginnt er, Theologie zu studieren, muss aber aufgrund seiner unkonventionellen Ansichten bald schon mit der Inquisition ringen.

Ab 1534 findet Ignatius seinen persönlichen Weg. Er gründet zusammen mit einigen Freunden eine neue Ordensgemeinschaft: die Jesuiten. Sie wird sich später im Zuge der Gegenreformation auf ihre Weise um Reformen in der Kirche bemühen.

Die Suche nach einer kirchlichen Erneuerung und nach überzeugenden spirituellen Lebensmodellen durchzieht im 16. Jahrhundert ganz Europa. Es ist kein Zufall, dass auch Martin Luther, bevor er zum Reformator wird, Mönch in einem Reformorden der Augustiner ist. Die Spiritualität dieser Augustinereremiten prägt ihn zeitlebens.

Allerdings endet die Reformation in Deutschland und der Schweiz aufgrund von politischen Verwicklungen bekanntlich mit Kirchenspaltungen. In anderen Ländern gelingt es manchen Mystikern und Reformern trotz vieler Widerstände, unter dem Dach Roms zu bleiben.

Das gilt auch für die spanische Mystikerin Teresa von Ávila. Sie wurde 1515 geboren und ist damit nur wenig jünger als Ignatius. Im Alter von 20 Jahren tritt sie in ihrer Heimatstadt als

Karmelitin ins Kloster ein. Teresa spürt die Kraft, die von Meditation und Kontemplation ausgeht, hat erste Visionen, kann all dies aber nicht einordnen. Ist doch Frauen zu jener Zeit das kontemplative »innere Beten« ebenso verboten wie die Lektüre der Bibel und vieler anderer theologischer Texte.

Teresas Beichtväter haben zunächst wenig Verständnis für sie. Einige halten sie für verwirrt, andere unterstellen ihr sogar Einflüsterungen des Teufels. Es ist nicht zuletzt dieser innere Zwiespalt, der Teresa 1538/39 lebensbedrohlich erkranken lässt – physisch ebenso wie psychisch.

Rückblickend wird sie schreiben: »Ich konnte oft nur noch weinen. Das ging ziemlich lange so. Ich erlebte mich in einem solchen Zustand, dass ich nicht wusste, was tun – außer die Augen zum Herren erheben. Denn Widerstand von guten Menschen – Beichtvätern und Theologen – gegen ein so erbärmliches, schwaches Weiblein wie mich und obendrein ängstlich, ist eine der schwersten Prüfungen.«

In den 1550er-Jahren lernt Teresa einige Jesuiten kennen. Durch sie bekommt die Ordensfrau in Ávila erstmals Zugang zu theologischen Reformkreisen, in denen sich Intellektuelle und Mystiker austauschen. In der Folgezeit kann sie ihre mystischen Visionen endlich ohne Vorbehalte vertiefen und kommt zu dem Schluss: »Es ist ganz gewiss, dass uns der Herr, wenn wir uns aus Liebe zu ihm von allem losmachen, mit sich selbst ausfüllen wird.«

Aus der inneren Verbindung mit Jesus beziehungsweise Gott, die Teresa erlebt, zieht sie von nun an wichtige Impulse für die Gründung des Reformordens der Unbeschuhten Karmelitinnen. Mehr als 400 Jahre später wird man sie und die italienische Mystikerin Katharina von Siena als erste Frauen in der Geschichte in Rom zu Kirchenlehrerinnen ernennen.

Mystik ist immer ein Ergriffensein von Gott, das ein Mensch spürt. Benedikt von Nursia sieht ein Prinzip des Mönchslebens darin, wirklich und aus tiefstem Herzen »nach Gott zu suchen«. Aber letztlich bleibt die Begegnung mit Gott immer eine Gnade, ein überraschendes Geschenk.

In besonderer Weise hat mich als Benediktiner deshalb immer das mystische Bekehrungserlebnis von Paul Claudel fasziniert. Der französische Dichter war – was nur die wenigsten wissen – Benediktineroblate, das heißt, er lebte als verheirateter Laie orientiert an der Regel Benedikts.

Allerdings begann sein Leben ganz anders: Er wurde im Frankreich des 19. Jahrhunderts in einem sehr intellektuellen und wissenschaftsorientierten Elternhaus geboren. Genau diese säkulare Ausrichtung seiner Familie machte ihm dann als Jugendlichem zu schaffen. Er verlor nach der Erstkommunion seinen katholischen Glauben an Gott immer weiter aus dem Blick:

»Ich glaubte, alles sei Gesetzen unterworfen, und diese Welt sei eine Verkettung von Ursachen und Wirkungen, die die Wissenschaft bereits übermorgen entwirren würde«, schrieb Claudel rückblickend. »All das kam mir sehr betrüblich und höchst unbefriedigend vor. Im Übrigen führte ich ein unmoralisches Leben und verfiel nach und nach in einen Zustand der Verzweiflung.«

Inmitten dieser Krise besuchte der junge Dichter am Weihnachtstag des Jahres 1886 – das heißt, er war etwa 18 Jahre alt – eine Vesper in der Pariser Kathedrale NotreDame. Dort sang man gerade das Magnifikat, als Claudel völlig unvorbereitet eine Art Blitz traf. Er selbst erinnerte sich:

»Im Nu wurde mein Herz ergriffen. Ich glaubte. Ich glaubte mit einer so mächtigen inneren Zustimmung, dass

mein ganzes Sein gewaltsam emporgerissen wurde, mit
solch unerschütterlicher Gewissheit, dass keinerlei Platz
auch nur für den leisesten Zweifel offen blieb. Wenn es
wirklich wahr wäre? Es ist wahr! Gott existiert, er ist da.
Er liebt mich, er ruft mich.«

Claudel erwog daraufhin sogar, Mönch zu werden, ent-
schloss sich aber 1905 für ein Leben als Benediktinerobla-
te. So konnte er einen spirituellen Lebensstil pflegen und
ein Jahr darauf seine Frau Marie heiraten. Nach seiner
Bekehrung schrieb er: »Wie glücklich doch die Menschen
sind, die einen Glauben haben!« (Notker)

Das 20. Jahrhundert wurde durch Krisen von enormer Trag-
weite erschüttert. Der Wahnsinn des Faschismus und die
Gräuel zweier Weltkriege mit all ihren abgründigen Folgen
haben nicht nur in Europa Wunden hinterlassen, die bis heute
schmerzen. Millionen von Toten ließen die Menschheit aber
auch (zumindest vorübergehend) lernen: »Nie wieder Krieg!«,
lautete der Satz, den nach 1945 nahezu jeder im Munde hatte.

Neue internationale Organisationen entstanden, die den
Frieden bewahren sollten, so etwa die UNO. Die Kirchen wur-
den durch das Grauen der Vergangenheit ermutigt, Dialoge mit
Andersgläubigen zu führen und die Einheit unter den Christen
zu fördern. Die Krise wurde im wahrsten Sinn des Wortes als
Chance zu völlig neuen Aufbrüchen genutzt. Internationale
Vereinigungen wie der Weltkirchenrat und Initiativen wie das
Zweite Vatikanische Konzil belegen einen umwerfenden Mut
zu Versöhnung und Neubeginn.

Nicht zuletzt hielt jeder Einzelne angesichts von Hass und
Zerstörung nach neuen Horizonten Ausschau. Manch einer ist
dabei Gott begegnet und erkannte, dass die Konfessionen und

Religionen ihre Zukunft nur mit vereinten Kräften gestalten können. Beispiele sind Frère Roger Schutz von Taizé und die Gründerin der Fokolarbewegung, Chiara Lubich.

Roger wird 1915 als jüngstes von neun Geschwistern in der Schweiz geboren. Gerne erinnert er sich später an die liebevolle Art seiner Mutter, einer französischen Pianistin. Die puritanische Strenge seines Vaters, eines reformierten Pfarrers, macht dem sensiblen Jungen dagegen schwer zu schaffen.

Trotz mancher positiver Vorbilder findet er lange keine Beziehung zu Gott. Schließlich muss sich Roger aufgrund einer akuten Lungentuberkulose lange von seinen Mitmenschen isolieren. Er macht in dieser Zeit tiefe spirituelle Erfahrungen und überlebt die schwere Erkrankung wie durch ein Wunder. Rückblickend wird er sich an ein mystisches Schlüsselerlebnis erinnern, das ihn prägte:

»Es stieg ein Gebet in mir auf: ›Bitte, Herr, suche mein Angesicht! Und ich will immer Dein Angesicht suchen.‹ Nach diesem Gebet fühlte ich in mir eine tiefe Freude. Es war, als berührte ich eine Wahrheit, die weit über diesen Augenblick hinausreichte. Ich konnte endlich wieder beten, und ich hatte das Vertrauen, dass dieses Gebet mein Leben bestimmen würde, alles wurde von hier aus möglich.«

1937 beginnt Roger in Lausanne ein Theologiestudium, empfindet es aber bald schon als unbefriedigend. Als 1939 der Zweite Weltkrieg ausbricht, wächst in ihm der brennende Wunsch, dem auf allen Seiten eskalierenden Hass etwas entgegenzusetzen. Er träumt von einem alternativen Lebensstil, von gelebter Versöhnung und konkret verwirklichter Liebe zu allen Menschen.

Nach Kriegsende gründet er mit einigen Freunden die ökumenische Gemeinschaft von Taizé in Burgund und folgt dabei nach seinen eigenen Worten einer mystischen Intuition:

»Ich wollte zu den Ursprüngen zurück, zur Gemeinschaft der ersten Christen, die in der Lage waren, ihre Ideale konkret umzusetzen. Mein tiefster innerer Wunsch war, die Liebe Christi zu verwirklichen. Es war ein innerer Ruf, den ich in stillen Momenten immer wieder hörte. Er kam von innen und gab mir die Kraft, dem Beispiel Jesu zu folgen und ein Leben in Gemeinschaft zu wagen. Es war wie eine Vision, eine himmlische!«

Seit damals hat sich Taizé zu einem internationalen Zentrum der Ökumene entwickelt, das alljährlich Zigtausende Jugendliche aus allen Konfessionen und aller Welt besuchen.

Auch die italienische Lehrerin Chiara Lubich, die 2020 ihren 100. Geburtstag gefeiert hätte, sehnte sich danach, etwas von der Liebe Gottes in die Welt zu bringen. Ihre Berufung wurde ihr inmitten der Schrecken des Zweiten Weltkriegs bewusst, als verheerende Bombardements das Leben in ihrer Heimatstadt Trient vollständig zum Erliegen brachten.

»Der Krieg und die Bomben machten damals all unsere Zukunftshoffnungen zunichte«, erzählte die Italienerin später: »Verwandte und Freunde starben, Häuser wurden vernichtet.« Während eines Bombenangriffs saß Chiara wieder einmal mit Freundinnen im Luftschutzkeller und suchte Rat in der Bibel: »Gab es ein Ideal, das noch Bestand hatte?«, lautete ihre alles entscheidende Frage. Und plötzlich verstanden die jungen Mädchen: »Ja, es gibt ein solches Ideal: Es ist Gott!«

Sie wagten daraufhin als Laien ein religiöses Leben in kleinen Gruppen und versorgten die Ärmsten der Stadt. Dies war der Anfang der Fokolarbewegung, deren Name sich auf die Licht und Wärme spendende Feuerstelle damaliger Häuser bezieht: den *focolare*.

Gott wurde dabei für die jungen Frauen erstmals im Alltag konkret, erinnerte sich Chiara: »Die Intuition, der wir folgten, war fast so etwas wie eine Erleuchtung, denn wir haben plötzlich verstanden, was Gott wirklich ist: Liebe!«

In der Folgezeit hatte Chiara viele mystische Visionen. Sie halfen der theologisch unbedarften Laiin nicht zuletzt, Jahre der Verhöre durch die Vatikanische Glaubenskongregation durchzustehen. War der Erfolg, den eine junge Frau wie sie mit einer neuen Bewegung hatte, doch manchen Kirchenvertretern suspekt. Chiara konterte mit entwaffnender Aufrichtigkeit und verwies immer wieder auf Jesus:

»In der Begegnung [mit dir, Herr] spürt meine Seele nicht ihren Schmerz. Sie ist trunken von deiner Liebe, umhüllt von dir, durchdrungen von dir. Ich in dir, du in mir, bis wir eins sind.«

Mit dem Zweiten Vatikanischen Konzil wurde die Fokolarbewegung endgültig anerkannt. Heute hat sie Mitglieder in aller Welt, die meisten sind katholisch, etwa zehn Prozent kommen aus anderen Konfessionen und Religionen.

»Diese Bewegung ist im Grunde ein Geschenk des Heiligen Geistes an die Kirche und an die Welt«, meinte Chiara rückblickend: »Ich war nur ein Werkzeug in Gottes Hand. Ein Pinsel weiß nicht, welches Bild mit ihm gemalt wird. Das weiß nur der Maler. Genauso war es mit mir.«

An den Mut der Nachkriegszeit, der sich in christlichen Bewegungen wie den Fokolaren spiegelt, schließt in den Krisen des 3. Jahrtausends Papst Franziskus an. In seiner 2020 verfassten Enzyklika *Fratelli tutti* ruft er alle Menschen zu Barmherzigkeit und Brüderlichkeit auf.

Der Grund für die aktuelle Krise der Welt, die Kriege, Terror und Elend provoziert, liege auf der Hand, meint Franziskus:

Größenwahn! Zu viele Menschen seien gefangen in Egozentrik und hätten Gott ebenso aus dem Blick verloren wie ihre Verantwortung gegenüber den Mitmenschen und der Natur.

Der Ausweg, so der Papst, bestehe darin, sich neu auf »die transzendente Wahrheit« zu besinnen. Sonst triumphiere die Macht des jeweils Stärkeren und jeder trachte danach, »bis zum Äußersten ohne Rücksicht seine Interessen und seine Meinung durchzusetzen«.

»Nur die Liebe besiegt Hass und Ungerechtigkeit«, ergänzte Franziskus im Herbst 2020 bei einem interreligiösen Friedensgebet in Rom: »Die Liebe ist der einzige Weg zur vollen Gemeinschaft unter uns Menschen. Möge der Herr uns helfen, gemeinsam auf dem Weg der Geschwisterlichkeit voranzugehen, damit wir glaubwürdig von ihm Zeugnis ablegen.«

Die Angst zögert,
die Liebe wagt,
die Vernunft zweifelt,
die Liebe vertraut,
der Stolz fordert,
die Liebe gibt.

Die Liebe kennt
nicht die Antwort
auf alle Fragen,
doch sie ist der Moment,
in dem die Frage
sich auflöst.

Die Kraft der Stille hören

Auf den Spuren christlicher und buddhistischer Spiritualität

Ein Sprichwort sagt: »Niemand kann sich am eigenen Schopf aus dem Sumpf ziehen.« Das stimmt. Wer in Krisenzeiten nach neuen Inspirationen sucht, muss nur allzu oft feststellen: Fehlanzeige! – In der christlichen Spiritualität gibt es ein nahezu magisches Wort, das aus der Enge solcher Momente befreit. Es prägt unter anderem die Regel Benedikts und lautet: Hören!

> Ich erinnere mich an so manche schwierige Sitzung, die ich als Abt zu leiten hatte: Ich wollte dann oft ein wichtiges Projekt zum Abschluss bringen, aber nichts ging vorwärts. Als wir schließlich die Entscheidung vertagen mussten und ich etwas verärgert aufstand, war mir, als stehe Jesus hinter mir und spreche mich an:
>
> »Worüber ärgerst du dich? Glaubst du etwa, ich hatte es leichter? Wie oft haben die Zwölf an meiner Seite mich nicht verstanden. Warum sollte es dir anders gehen? Hab Geduld! Hör dir ihre Vorbehalte in Ruhe an, dann werdet ihr gemeinsam einen Ausweg finden.« Und so war es.
>
> Ich habe immer wieder die Erfahrung gemacht, dass Gott in meinem Leben gegenwärtig ist und mir zum rechten Zeitpunkt das richtige Wort sagt. Die Probleme lösen sich dadurch nicht auf, aber wir sehen dann wieder Licht

am Ende des Tunnels und können den nächsten Schritt wagen. Wir werden frei, überwinden unsere inneren Blockaden und öffnen uns neu für andere. Heutzutage nennt man eine solche Haltung der Offenheit und der Bereitschaft zu hören auch gerne Achtsamkeit.

Aus gutem Grund heißt es gleich zu Beginn der Regel Benedikts im Prolog: »Höre, mein Sohn, [...] neige das Ohr deines Herzens, nimm den Zuspruch des gütigen Vaters willig an.«

Ich denke, wir sollten uns nicht nur von Gott mehr sagen lassen, sondern manchmal auch von unseren Mitmenschen. Wie oft habe ich als Seelsorger erlebt, dass Freundschaften und selbst Ehen zu zerbrechen drohten – nur deshalb, weil mindestens eine Seite der anderen nicht mehr zuhören konnte oder wollte.

Benedikt versucht, dem Mönch, aber im Grunde jedem Menschen, einen Weg zu zeigen, auf dem er sein Lebensglück findet. Der Unterschied zwischen diesem Begriff und der heute gepriesenen Selbstverwirklichung besteht oft darin, dass aus der Sicht Benedikts das Hören fundamental ist. Nur hörend gelingt ein Leben. Ohne dieses Hören läuft jeder Mensch Gefahr, in die Irre zu gehen.

In meinem Leben konnte ich es jedenfalls immer wieder spüren: Nicht ich gebe mir den Maßstab. Vielmehr muss ich mir den Maßstab von Gott geben lassen. Denn er ist der Urgrund dieser Welt und meiner selbst; er weiß am besten, was der Welt und mir guttut. (Notker)

Und doch ist Zuhören alles andere als einfach. Nicht nur unsere Egozentrik ist häufig ein Hindernis, sondern auch das Hamsterrad, in dem wir uns im Alltag oft bewegen: Pflichten,

Termindruck, Lärm und Chaos. So vieles scheint wichtiger, als auf andere oder gar auf Gott zu hören.

Alle großen Gestalten der Kirchengeschichte führte ihr spiritueller Weg daher zeitweise in die Stille. Den Einsiedlern der ersten Jahrhunderte fiel der Ausstieg leicht. Sie lebten am Rand der großen Wüsten des Orients: in Palästina, Syrien oder Ägypten. Einsamkeit und Ruhe waren für sie nur einen Tagesausflug entfernt.

Benedikt von Nursia, Franziskus von Assisi oder Ignatius von Loyola suchten Zuflucht in abgelegenen Höhlen Italiens oder Spaniens. Der Augustinermönch Martin Luther oder die Karmelitin Teresa von Ávila fanden die Isolation, die ihnen wohltat, in ihren Klosterzellen.

Der evangelische Theologe Dietrich Bonhoeffer, der 1945 von den Nazis ermordet wurde, schrieb einige seiner packendsten spirituellen Texte in der Einsamkeit eines Gefängnisses. Wieder andere, so etwa die Mystikerin Chiara Lubich oder der schweizerische Eremit Nikolaus von Flüe, machten entscheidende mystische Erfahrungen allein in der Bergwelt der Alpen.

Die Liste ließe sich lange fortsetzen. Die »Wüste«, in die sich ein Mensch freiwillig oder unfreiwillig zurückzieht, sieht in jedem Leben anders aus. Manchen motiviert die Suche nach Gott, andere die Ungewissheit über ihre eigene Existenz. Entscheidend ist: Diese »Wüste« schafft Abstand zum Alltag. In ihr herrscht Stille, in ihr entsteht Raum für das befreiende und erlösende Wort, das sonst so oft überhört wird.

Was Einsiedler vor fast 2000 Jahren im Orient suchten, ähnelt in vieler Hinsicht dem, was moderne Menschen ersehnen, die sich für ein paar »Wüstentage« oder ein »Sabbatjahr« zurückziehen, wohin auch immer. Ihr Ziel ist stets ein alternativer Lebensstil, den sie in der Gesellschaft zwischen Kommerz und Konkurrenz, Konsum und Leistungsdruck nicht finden.

Im Gästehaus des historischen Katharinenklosters auf der ägyptischen Halbinsel Sinai können Besucher aus aller Welt bis heute eine Auszeit verbringen, Einzelreisende ebenso wie kleine Pilgergruppen. Die Ruhe der Wüste hilft hier seit Urzeiten, sich auf das Wesentliche zu besinnen, weiß der langjährige Abt des Klosters und Erzbischof des südlichen Sinais Damianos:

»Es war noch nie einfach, ein spirituelles Leben zu führen, aber derzeit dürfte es noch schwieriger sein als früher. Das Internet, der Konsum, all das sind große Versuchungen, sogar für uns orthodoxe Mönche«, versichert Damianos. »Wir müssen uns stets aufs Neue fragen: Was von all dem unterstützt unsere Suche nach Gott und nach dem Sinn des Lebens – und was nicht?«

Als ich mich ein paar Schritte vom Katharinenkloster entfernt habe und die Stimmen der Pilger verklungen sind, herrscht zwischen den weiten Sandflächen und den mächtigen Felsen absolute Ruhe. Oberhalb des Klosters erreiche ich die »Elija-Mulde«: Hier soll sich der gleichnamige Prophet vor fast drei Jahrtausenden allein in eine Höhle zurückgezogen haben, um bei Gott Rat zu suchen. Es war eine verzweifelte Situation, mächtige Feinde trachteten ihm nach dem Leben.

Zunächst wartet Elija in der Höhle vergeblich auf hilfreiche Weisungen. Doch dann spürt er endlich Gottes Gegenwart – allerdings völlig anders als erwartet: Gott erscheint ihm nicht als mächtige Naturgewalt, die bereit ist, alle Feinde zu vernichten. Nein. Gott – so will es die

Bibel – berührt Elija leise mit dem Wehen eines sanften Hauchs: Diese zärtliche Berührung schenkte dem Propheten für seine Aufgabe neue Kraft und Geduld (vgl. 1 Kön 19,11 f.).

Stille hilft, etwas von Gottes Wesen zu begreifen. Während ich allein zwischen den mächtigen Bergen wandere, kommt es auch mir so vor, als öffne sich ein inneres Ohr. »Erst das Schweigen«, schrieb einst Romano Guardini, »tut das Ohr auf für den inneren Ton aller Dinge.«

Als ich nach der Wanderung wieder zum Gästehaus des Klosters komme, geschieht Ungewöhnliches: In der sommerlichen Hitze ballen sich dunkle Wolken zusammen, ein kurzes Donnergrollen ist zu hören und ein erfrischender Regenguss fällt auf den trockenen Wüstensand.

Am nächsten Morgen habe ich mein Zimmer gerade erst verlassen, als mich die Beduinen, die das Gästehaus betreuen, aufgeregt herbeiwinken: »Look, look! – Sieh nur!« Und plötzlich verstehe ich ihre Begeisterung: Eine winzige, kaum 30 Zentimeter hohe Oleanderstaude hat zur Freude meiner Gastgeber zwei kleine Blüten geöffnet: ein Hauch von zartem Rosa mitten im Wüstensand!

Zwischen Hitze, Sand und Steinen hat nichts aus sich heraus Bestand, und doch gibt es hier Leben. Auch ich lebe. – Eine Blume wird in der Stille der Wüste zur Botschaft! (Corinna)

»Die Stille ist die Sprache Gottes und die Sprache der Liebe«, schreibt Papst Franziskus im Vorwort eines 2021 erschienenen Meditationsbuchs: Im Schweigen, so der Mystiker Bergoglio, öffne sich der Weg der Liebe, auf dem man anderen und sogar Gott begegnen könne.

Lärm beengt, Schweigen befreit.
Je stiller es in dir wird,
desto näher kommst du dem Geheimnis.
Wo die Sprache verstummt,
beginnt das Hören
auf jenes Wort,
das aus der Ewigkeit
heraus gesprochen wird.

Die Stille der Wüste spricht. Das haben schon viele Mystiker erkannt, so auch Charles de Foucauld: Der in Straßburg geborene Offizier erlebt die Wüste 1880 zum ersten Mal, als man sein Regiment in die französische Kolonie Algerien schickt. Charles ist zu dieser Zeit 22 Jahre alt. Er hat nach dem frühen Tod seiner Eltern den christlichen Glauben verloren und fällt beim Militär durch rebellische Streiche auf. Rückblickend wird er sich an eine schmerzliche innere Leere erinnern, die jene Jahre prägt: »Alles war mir öde. Unendliche Langeweile und quälende Unruhe nahmen mich gefangen.« Er habe niemand und nichts mehr wahrgenommen, schreibt Charles, »weder Gott noch Mensch«, nur sich selbst.

Doch in der Wüste Algeriens macht Foucauld zu seiner Überraschung erste spirituelle Erfahrungen. 1882 nimmt er Abschied vom Militär und beginnt, den Norden Afrikas, dessen Natur ihn fasziniert, privat zu bereisen. Er durchquert Marokko vom Norden bis in die Sahara und notiert dabei eines Nachts in sein Tagebuch:

»Der Mond steht mitten in einem wolkenlosen Himmel und verbreitet mildes Licht. Die Luft ist lau und von keinem Windhauch bewegt. In dieser tiefen Ruhe erinnere ich mich an mein erstes Lager in der Sahara. In der Intensität solcher Nächte begreift man den Glauben der Araber an eine geheimnisvolle Nacht, in der die ganze Natur sich verneigt, um ihren Schöpfer anzubeten.«

Die mystische Kraft der Wüste motiviert den Franzosen fortan, wieder nach Gott zu suchen, und weckt in ihm sogar tiefe Sympathie für den Islam. Schließlich entdeckt er im weiteren Verlauf seines spirituellen Ringens den christlichen Glauben neu und tritt in ein französisches Trappistenkloster ein.

Nach seiner Priesterweihe 1901 übersiedelt Charles dauerhaft als Eremit in die Wüste Algeriens und wird zu einer Brücke zwischen den Kulturen und Religionen. Besonders schätze er den Blick in die stille, weite Steinwüste Nordafrikas, schreibt er in Briefen nach Frankreich: Sie verliere sich »in dem schönen Himmel der Sahara« und lasse »an die Unendlichkeit Gottes denken, der noch viel größer ist!«.

Andere Erfahrungen, von denen Foucauld in seinen Tagebüchern berichtet, ähneln denen großer mittelalterlicher Mystiker: Wenn seine Seele ganz leer geworden sei, fühle er, wie Gott sich ihm ganz gebe, ihn erfülle, sich mit ihm vereine, so der Eremit. Dies zu erleben empfinde er als »das höchste Ziel des Menschseins«.

Nach Ausbruch des Ersten Weltkriegs bleibt Charles in Algerien, er will die muslimischen Freunde, die er dort gewonnen hat, nicht im Stich zu lassen. Seine Solidarität kostet ihn das Leben: 1916 wird er bei einem Überfall aufständischer Nomaden ermordet.

Wenig später entsteht die weltweite Ordensgemeinschaft der Kleinen Brüder und Schwestern Jesu, die sich bis heute an Foucaulds Vorbild orientiert. 2020 bestätigt Papst Franziskus ein Wunder, das den Weg zur Heiligsprechung des Mystikers frei macht.

Schon die ersten christlichen Einsiedler wussten, dass die Wüste nicht nur schön und faszinierend ist, sondern zur unbarmherzigen Herausforderung werden kann. Hatte doch auch Jesus dort die größten Versuchungen zu bestehen. Die Bibel beschreibt die Ambivalenz der Wüste bildlich, indem sie von »wilden Tieren« erzählt, denen Jesus dort ausgesetzt war, und von »Engeln«, die ihm dienten (Mk 1,13).

Dieser Kontrast zwischen dem Bösen, Tödlichen, das einen Menschen bedroht, und der Nähe des Göttlichen, das ihn bewahrt, wird in der Wüste deutlicher als andernorts. Das spürten schon die antiken Wüstenväter. Sie berichten von »Dämonen«, mit denen sie in der Einsamkeit ringen mussten: Naturphänomene konnten damit ebenso gemeint sein wie böse Geister oder menschliche Schwächen aller Art: Egozentrik, Stolz oder Hass.

»Wenn wir vom ›Dämonenkampf‹ sprechen, gibt es bei den Wüstenvätern schon ganz umwerfend moderne Texte«, erläutert ein Wüstenreisender unserer Tage, der »Kleine Bruder« Gisbert Greshake, und verweist auf einen Text, der lautet: »Die Dämonen, das bist du selbst!« Nicht selten, so der Theologe, stehe die Bezeichnung »Dämon« auch für eine Form der Selbstüberschätzung, vor der insbesondere Asketen nicht gefeit seien. Denn ihr Wunsch, diszipliniert zu leben, könne in einen gefährlichen Perfektionismus ausarten.

»Und du findest aus diesem Kampf mit deinem eigenen Über-Ich nur heraus, wenn du demütig wirst und akzeptierst, das zu sein, wozu du von Gott berufen bist«, weiß Greshake. Damals wie heute gelte daher: Demut und Liebe sind die wichtigsten Instrumente, um sich stets neu auf Gott auszurichten und in der Wüste – wie auch andernorts – nicht die Orientierung zu verlieren.

Lass alles hinter dir zurück,
was deinen Weg beschwert.
Vergiss, was du dein Eigen nennst,
es ist nicht dein.
All dein Können ist nur Illusion.
Lass dein Wissen, deine Wünsche,
deinen Willen, deinen Stolz.
Erst wenn du selbst dir
ganz zur Frage wirst,
kommst du dem Geheimnis
deines Lebens auf die Spur.

Um die Herausforderungen der Stille und der Einsamkeit zu bestehen, bedarf es in aller Regel einer gründlichen Vorbereitung. Wer Erfahrung mit dem Weg der Mystik hat, wird daher Neulingen immer einen geistlichen Begleiter empfehlen.

Nicht zuletzt gilt in der christlichen Tradition von jeher das Gebet als verlässliche spirituelle Stütze. In Klöstern versammeln sich Mönche oder Nonnen traditionell mehrmals am Tag zum gemeinsamen Stundengebet. In der orthodoxen Tradition pflegen sie darüber hinaus privat das sogenannte Herzensgebet.

Auf diese Gebetstechnik wurde man vor rund 100 Jahren in Europa durch ein Buch aufmerksam: *Aufrichtige Erzählungen eines russischen Pilgers.* Der Text, der zahllose Überlieferungen der christlichen Mystik des Ostens spiegelt, fand inzwischen auch in Deutschland ein großes Publikum:

»Die menschliche Seele kann auch in der Dunkelheit sehen, auch sehr Entferntes«, heißt es darin, »wir geben dieser seelischen Fähigkeit nur keine Kraft und keinen freien Lauf, und wir unterdrücken sie, sei es durch die Fesseln unseres Leibes oder durch die Verworrenheit unserer Gedanken und durch unser zerstreutes Wesen. Wenn wir uns aber gesammelt haben, wenn wir uns von der Umgebung lösen und unseren Geist verfeinern, wird die Seele ihrer Bestimmung zugeführt.«

Um eine solche Konzentration zu fördern, empfiehlt der Autor des russischen Pilgerbuchs jedem Übenden, sich an einen ruhigen Ort zurückzuziehen:

»Setz dich still und einsam hin, neige den Kopf, schließe die Augen; atme recht leicht, blicke mit deiner Fantasie in dein Herz, führe den Geist, das heißt das Denken, aus dem Kopf ins Herz. Beim Atmen sprich, leise die Lippen bewegend oder nur im Geiste: ›Herr Jesus Christus, erbarme dich meiner.‹ Gib dir Mühe, alle fremden Gedanken zu vertreiben. Sei nur still und habe Geduld – und wiederhole diese Betätigung recht häufig.«

Analysen des Pilgerbuchs haben gezeigt, dass die in ihm beschriebenen Erfahrungen bis in die ersten Jahrhunderte nach Christus zurückreichen. Geografisch umfassen sie einen Raum von Ägypten über Syrien und Kleinasien bis nach Russland. War doch das Herzensgebet bei den dort lebenden Einsiedlern und Mönchen von jeher ein beliebtes Instrument, um die Gegenwart Gottes in der eigenen Seele zu ahnen.

»Der Geist, der sich nicht unter den äußeren Dingen zerstreut noch – durch die Sinne abgelenkt – in der Welt umherschweift, kehrt zu sich selbst zurück und steigt durch sich selbst hindurch zu Gott empor«, erklärte schon im 4. Jahrhundert Basilius der Große in Kleinasien.

Und eineinhalb Jahrtausende später schrieb der russische Mystiker Seraphim von Sarow: »Wenn der Verstand lange genug in solchen Übungen verbleibt und das Herz still wird, dann strahlt das Licht Christi auf und erleuchtet die Seele mit göttlichem Licht. Sobald der Mensch dieses ewige Licht in sich schaut, wird sein Verstand rein und frei von allen irdischen Vorstellungen.«

»Ein intensives Gebet ist eine starke Kraft, die viel Gutes bewirken kann«, resümiert im 21. Jahrhundert Abt Damianos: »Es ist ein Schlüssel, um uns selbst und die Welt positiv zu verändern.«

Ich erinnere mich noch gut an eine meiner ersten Reisen nach China zu Beginn der 90er-Jahre. Ich war mit einem Mitbruder unterwegs. Wir wollten herausfinden, ob es noch Reste der Gemeinden gab, die wir Mönche von Sankt Ottilien dort in den 20er-Jahren aufgebaut hatten. In einem kommunistischen Regime, das während der Kulturrevolution nahezu alle religiösen Traditionen zerstört hatte, war das ein gewagtes Unternehmen.

Und so wurde eines Tages auch die Geheimpolizei auf uns aufmerksam und holte meinen Mitbruder zum Verhör ab. Was sollte ich tun? Was konnte ich tun? Ich kniete in unserem Hotelzimmer nieder und betete. Zwei Stunden später ging plötzlich die Tür auf und mein Mitbruder trat strahlend ein. Alle Probleme hatten sich gelöst.

Das Gebet ist ein Geheimnis. Wenn ich bete, reiße ich mich buchstäblich von mir selbst los, von meinen Ängsten oder Wünschen, und richte meine Gedanken auf Gott. Und ich habe immer wieder die Erfahrung gemacht: Dann komme ich zur Ruhe, und nicht nur das: Er findet oft auch Antworten auf Fragen, die mir nie eingefallen wären.

Das Gebet ist eine Säule des benediktinischen Lebens, es ist der Mittelpunkt einer Gemeinschaft, die sich auf Gott ausrichten will. Benedikt spricht davon, dass Christus nichts vorgezogen werden darf, dass also dem Gebet die erste Stelle gebührt. Und er nimmt als Basis des Betens die Psalmen:

> *In ihnen kommt die menschliche Lebensexistenz grundlegend zur Sprache. Letzten Endes erwächst daraus eine Grundhaltung des Glaubens, die Gewissheit, vor Gott zu sein, einfach eine Sicherheit im Leben, eine Geborgenheit.*
>
> *Das Stundengebet, das wir Benediktiner in der Regel gemeinsam verrichten, ist ebenso wichtig wie das persönliche Gebet jedes Einzelnen in der Stille: die* Lectio divina. *Bei dieser geistlichen Übung nimmt ein Mönch jeden Tag die Bibel zur Hand und lässt in aller Ruhe einzelne Sätze auf sich wirken. Ich würde das als die »benediktinische Meditation« bezeichnen.*
>
> *Über Jahre hinweg versetzt das einen Mönch in eine positive Grundhaltung, in eine Offenheit auf Gott hin. Der Mensch wird immer mehr zu einem Hörenden. Er wird sensibler für die eigene Wirklichkeit und ebenso für die Wirklichkeit anderer. Ich denke, dass uns das Hören auf Gott überhaupt erst dialogfähig macht.* (Notker)

Alle Klöster und Orden haben im Lauf der Jahrhunderte ihre eigenen spirituellen Übungen entwickelt. Das Ziel ist stets dasselbe: Der Einzelne soll einen Weg finden, um sich durch Gebet und Meditation, Exerzitien oder Kontemplation für Gott und den Nächsten zu öffnen.

Mit Worten der modernen Psychologie könnte man auch sagen: Es geht für jeden Menschen darum, sein eigentliches »Selbst« zu finden und zu einer gewissen »Ganzheit« zu gelangen. Mystische Erfahrung ist Ganzheitserfahrung.

Für die katholische Tradition ist all dies ebenso selbstverständlich wie für die orthodoxe. In der evangelischen Kultur sieht das anders aus: Martin Luther wusste als junger Mönch sehr genau um die Bedeutung der Mystik. Während der späteren theologischen Grabenkämpfe und politischen Querelen verlor der Reformator aber seine klösterlichen Wurzeln zunehmend aus dem Blick. Schließlich trat er sogar für eine Auflösung der Klöster ein, weil er dort zu viel Missbrauch beobachtet hatte.

Und noch ein Problem entstand im 16. Jahrhundert: Manche evangelische Mystiker, die oft auch als »Schwärmer« bezeichnet werden, versuchten die Ideen der Reformation in Wittenberg politisch zu nutzen und gewaltsam durchzusetzen. Brutale Übergriffe auf die katholische Bevölkerung waren die Folge. Luther lehnte diese Gewalt strikt ab, konnte sie aber nicht immer verhindern. Letztlich führte die Entwicklung dazu, dass die Mystik Lutheranern zunehmend als suspekt galt und aus der evangelischen Kirchentradition ebenso verschwand wie das Ordensleben.

Zwar versuchten einzelne Lutheraner die spirituellen klösterlichen Ideale immer wieder zu beleben, aber mit wenig Erfolg. Das Ringen reicht von den Einsiedlerbewegungen im Pietismus des 17. Jahrhunderts bis zu den Diakonissenhäusern des 19. Jahrhunderts. Doch letztlich sah man mystische Erlebnisse damals auch zunehmend im Widerspruch zur Aufklärung und zu einem Denken, das nur noch das Rationale und wissenschaftlich Beweisbare zuließ.

Erst nach dem Zweiten Weltkrieg änderte sich im 20. Jahrhundert das Bild: Nun entstanden im deutschen Sprachraum wieder evangelische Frauen- und Männergemeinschaften, die klösterliche Traditionen wie das Stundengebet aufgriffen und sogar die Regel Benedikts neu für sich entdeckten. Ein Beispiel ist die Communität Casteller Ring in Bayern in der Nähe von Nürnberg.

Doch es gelang nur schrittweise, die seit Jahrhunderten bestehenden Berührungsängste zu überwinden: 2009 erhielten die neuen Glaubensgemeinschaften von der evangelischen Kirche in Deutschland endlich einen offiziellen Status: »Evangelische Orden«, die sich »in der Traditionslinie vorreformatorischer Regeln« gebildet haben, heißt es in dem entsprechenden EKD-Dokument, »stellen eine legitime Form evangelischen Christseins dar«.

Vor diesem Hintergrund wird verständlich, dass man spezifisch evangelische Methoden der Meditation in Deutschland bis heute weithin vergeblich sucht. Zugleich spielen die Mystik und die Suche nach einer überzeugenden und authentischen Erfahrung Gottes bei ökumenischen Gesprächen eine immer größere Rolle.

2018 war ich in Südamerika, in der kolumbianischen Hauptstadt Bogotá. Ich sollte ein internationales Friedenstreffen des »Global Christian Forum« journalistisch begleiten. Die Organisatoren der Veranstaltung bemühen sich seit einigen Jahren, Repräsentanten aller Konfessionen ins Gespräch zu bringen: Evangelikale und Katholiken, Lutheraner und orthodoxe Christen, Angehörige der Pfingstkirchen und viele andere.

Einige Teilnehmer erlebten eine so breit gefächerte ökumenische Veranstaltung zum ersten Mal. Misstrauen stand auf manchen Gesichtern geschrieben. Haben die christlichen Konfessionen einander doch jahrhundertelang wechselseitig als Ketzer verurteilt, verfolgt, bekämpft, verstoßen und nicht selten sogar getötet. Vieles ist inzwischen theologisch aufgearbeitet, keineswegs alles.

In Bogotá begann der Kongress daher mit einem gemeinsamen Gebet. Anschließend forderten die Veranstalter alle Teilnehmer auf, kleine Gesprächsgruppen zu bilden: Etwa zehn Teilnehmer verschiedener Konfessionen sollten sich zusammensetzen und – auf freiwilliger Basis – erzählen, ob und wann sie in ihrem Leben die Gegenwart Gottes beziehungsweise Jesu persönlich erfahren hatten.

Ich war äußerst skeptisch, zumal ich in der Gruppe, der ich zugeteilt wurde, niemanden kannte. Als Journalisten dürften wir über persönliche Details in den Gesprächen nicht berichten, hieß es zudem, die Privatsphäre der Teilnehmer sei zu schützen. Das war verständlich. Aber war das alles dann nicht vertane Zeit für mich?

Trotz der Vorbehalte entschloss ich mich zur Teilnahme. Und je länger ich diesen mir bisher völlig fremden Christen aus aller Welt zuhörte, desto deutlicher spürte ich: Was hier erzählt wird, ist authentisch. Es sind Erfahrungen aus dem Leben, die in einfachen Worten von Krisen berichteten, von Zweifeln, Ängsten und Gebeten und von einem Licht im Dunkel, das man nicht mit Worten erklären kann.

Alle Beteiligten merkten ganz einfach: Der andere ist von Jesus beziehungsweise Gott in seinem Leben ebenso ehrlich berührt worden wie ich selbst. In diesen Gruppen entstand eine Art Grundvertrauen als Basis für die Arbeit der kommenden Tage. Es ermöglichte in Bogotá gemeinsame Schritte, die zuvor undenkbar schienen. Gelebte Mystik! (Corinna)

Der 2016 verstorbene Pfarrer Jörg Zink gehört zu den wenigen modernen evangelischen Theologen, die sich zeitlebens für die

Mystik begeisterten. Sein eigener spiritueller Weg begann bereits als Jugendlicher mit Erlebnissen, die er während einsamer Wanderungen in der Stille der Natur machte:

»Ich saß oft auf einem Felsen über dem Wald-Tal und schaute in das Licht der auf- oder untergehenden Sonne. Die Bäume wurden wie Glas durchscheinend und es tat sich hinter ihnen eine Welt aus Licht auf, eine zweite Welt. Und ich wusste: Dort, in dieser Welt aus Licht, liegt mein Ursprung. Dort komme ich her, und dort gehe ich wieder hin. Und diese andere Welt ist das einzige, was für mich zählt.«

Schon als 19-jähriger notierte Jörg Zink: »Wenn das Christentum nicht seinen mystischen Hintergrund wiederentdeckt, dann hat es uns nichts mehr zu sagen.« Am Ende des Zweiten Weltkriegs war er 23 Jahre alt: »Ich stand in einem Gefangenenlager. Alles, was gegolten hatte, war zusammengebrochen. Worauf konnte man noch bauen, eine Zukunft gründen? Da traf mich ein Wort: Einen anderen Grund kann niemand legen als der gelegt ist, welcher ist Jesus Christus (1 Kor 3,11). – Und ich stand da und wusste: Das gilt mir!«

Dieser Satz und mystische Visionen, die sich wiederholten, gaben ihm die entscheidende Motivation, versicherte der evangelische Pfarrer bei einem Vortrag im Jahr 2000. Sie ließen ihn »abseits der konfessionellen Rechthaberei« im religiösen Gespräch »mit vielen Religionen und christlichen Gruppen« nach Frieden suchen und schließlich sagen:

»Christliche Meditation ist Meditation des Wortes, der Gestalt und des Weges Christi. Durch Meditation des Wortes kann es geschehen, dass wir selbst zum ›Wort‹ werden: Unser Leben beginnt dann zu sprechen.«

Gott, so Zink, werde in solchen Momenten »in uns selbst erfahren« und wirke »durch uns hindurch«. Die Kontemplation, der letzte Schritt auf dem Weg mystischen Erkennens, bezeichne dann »die vollkommene Ruhe, mit der wir in Gott sind«, eine Ruhe, »in der alles klar und fraglos ist«.

Christliche Mystiker aller Zeiten wollten Gebete oder Sätze aus der Bibel nicht nur zitieren, sondern ihren Inhalt existenziell erfahren. Auf der Suche nach geeigneten Methoden haben im 20. Jahrhundert sowohl evangelische als auch katholische Christen fernöstliche Formen der Meditation für sich entdeckt.

Ob Yoga, Vipassana oder Zen – all diese meditativen asiatischen Übungen sind heute nicht nur »in«, sie führen den Übenden in die Konzentration und füllen Lücken in der christlichen Spiritualität Europas. Vor allem die buddhistische Zenmeditation – auch Zazen oder »Sitzen in Stille« genannt – hat unter Europäern, die auf der Suche nach Erfahrungen mit Gott waren oder sind, viele Freunde gefunden.

Zen ist eine Reformbewegung, die im fernöstlichen Buddhismus vor mehr als eineinhalb Jahrtausenden entstand. Ihre Anhänger wollten damals alle intellektuellen Spekulationen hinter sich lassen und zur ursprünglichen Erfahrung Buddhas zurückfinden: Soll doch Gautama Siddharta, der Überlieferung nach, unter einem Bodhi-Baum sitzend, schweigend und meditierend die Wahrheit erkannt haben.

Zu den europäischen Pionieren, die sich schon Mitte des 20. Jahrhunderts für die Technik des Zazen begeisterten, gehört der deutsche Jesuit und Japanmissionar Hugo Enomiya-Lassalle. Als einer der ersten Gäste aus dem Westen unterzog er sich in Japan einem harten Zentraining und erhielt anschließend sogar eine Lehrerlaubnis. Fortan sah er seine Lebensaufgabe darin, Brücken zwischen den Kulturen zu bauen und der Menschheit ein reiferes Bewusstsein zu vermitteln.

Im Zen-Buddhismus wie in der christlichen Mystik, beton-te Lassalle, gehe es darum, das aktive Denken auszuschalten und innerlich vollkommen frei zu werden: »Das finden Sie in der Mystik, um zur Erfahrung Gottes zu kommen, und ganz parallel im Zen, um die Erfahrung der letzten Wirklichkeit zu machen.« Man dürfe aber nicht erwarten, Gott als Person zu erfahren, so der Jesuit: »Was erfahren wird, ist jenes Geheim-nis, das uns im Dasein trägt, worauf alles ruht, was uns in der Tiefe anzurühren vermag und was durch alle Schönheit hin-durch leuchtet.«

Durch diese Art des mystischen Erlebens sei sein christli-cher Glaube »viel stärker geworden«, versicherte Lassalle. In seinem Orden und seiner Kirche musste er allerdings massive Berührungsängste gegenüber der fernöstlichen Praxis über-winden. Erst als das Zweite Vatikanische Konzil 1965 die Er-klärung *Nostra Aetate* verabschiedete und darin alle Katholi-ken zum Dialog mit den Weltreligionen ermutigte, fand die Arbeit des Jesuiten breitere Zustimmung.

Zu seinen Schülern gehören auch viele Nicht-Katholiken wie der evangelische Religionswissenschaftler Michael von Brück. Dank der Vermittlung Lassalles konnte auch er in Ja-pan an einem Kloster der Rinzai-Zenschule eine Ausbildung als Zenlehrer abschließen. Bis heute unterrichtet von Brück an renommierten Meditationszentren im deutschsprachigen Raum.

Viele Teilnehmer seiner Kurse sind Menschen auf der Su-che, die keine eindeutige religiöse Ausrichtung haben. Andere dagegen, berichtet er, sind Christen, »die sich nach einer emo-tionalen und spirituellen Vertiefung ihres Glaubens sehnen, nach einer tieferen Gotteserfahrung, einer inneren Gewissheit durch eigene Erfahrung«.

Für solche Menschen sei die Zenmeditation eine Chance, so der Religionswissenschaftler, die in vielen Kirchentraditionen schlichtweg fehle. Ihm selbst jedenfalls habe die Übung des Zen ein neues Bewusstsein erschlossen: »Man könnte es als Gesamtschau der Wirklichkeit bezeichnen, jenseits von unseren normalen zeitlichen oder räumlichen Vorstellungen, als eine Art Erleuchtungserfahrung.«

Es sei höchste Zeit, noch immer bestehende Vorbehalte gegenüber der Zenmeditation in den evangelischen Kirchen zu überwinden, betont von Brück: »Denn ich glaube, dass ich durch die Praxis des Zen tiefer in das eindringen kann, tiefer das verstehen kann, was eigentlich im christlichen Mysterium gemeint ist.«

Auf jeden Fall ist die Zenmeditation heute längst ein Schnittpunkt, an dem sich Angehörige verschiedener Kulturen, Konfessionen und Religionen treffen. Wer sich mit dem Thema genauer befasst, erkennt: Es geht nur um unterschiedliche Methoden, mit denen man sich der einen Wahrheit nähert. Auch die Benediktiner, die seit Jahrzehnten im Dialog der Kulturen engagiert sind, haben diese Erfahrung gemacht:

Alles begann nach dem Zweiten Vatikanischen Konzil, als buddhistische Mönche aus Japan zu uns nach Sankt Ottilien kamen. Sie sagten, sie wollten jene Religion kennenlernen, die ihrer Ansicht nach »Europa groß gemacht hatte«. Ich war damals der Erzabt unseres Klosters und habe sie gerne gastfreundlich aufgenommen.

Diese Buddhisten wollten bei uns mitleben und von uns Mönchen lernen, was konkret »Christ sein« bedeutet. Das war für beide Seiten ein spannendes Erlebnis. Denn wir Benediktiner haben gesehen, wie ehrfürchtig unsere asiatischen Gäste waren, wie viel Respekt sie vor unserem Lebensstil hatten und wie engagiert sie unsere christlichen Übungen mitmachten. Freundschaften sind entstanden.

Eine Institution, die wir Mönche nach dem Zweiten Vatikanischen Konzil aufgebaut haben, der Monastische Interreligiöse Dialog, organisiert seither regelmäßig Begegnungen zwischen europäischen und asiatischen Religionsvertretern. Im Zuge dieses Austauschs war ich dann 1983 mit einer Gruppe von Benediktinern und Benediktinerinnen zu Gast in buddhistischen Klöstern Japans.

Dort haben wir am Leben der buddhistischen Mönche teilgenommen, an ihrer Arbeit ebenso wie an ihren Meditationen. Und ich war erstaunt zu beobachten, wie intensiv, mit welchen Opfern und mit welcher Hingabe die Buddhisten versuchten, das Gute, die sogenannte »Buddha-Natur«, in sich zu verwirklichen.

Die Zenmeditation selbst fiel mir damals zunächst sehr schwer: Wir saßen in absoluter Stille stundenlang nebeneinander, die Beine verschränkt im Lotus-Sitz, während der Zenmeister auf und ab ging und über unsere Konzentration wachte. Wir sollten alle Gedanken loslassen, »leer« werden, hieß es.

Und während ich noch darüber nachdachte, ob das überhaupt möglich sei, wurde mir auf einmal bewusst: Wenn ich wirklich leer werde und mich auf Christus einstelle, dann werde ich ganz von ihm ausgefüllt!

Bei einem Blick auf die Geschichte der Mystik stellen wir fest, dass es letzten Endes immer darum geht, von Gott erfüllt zu werden beziehungsweise sich von Gott erfüllen zu lassen. Alle anderen Gedanken sind dann überflüssig, Gott ist einfach da.

Und das machte die Zenmeditation für mich zu einer unglaublichen Erfahrung, zu einer mystischen Erfahrung. Es ist eine Übung, um die ich mich bis heute immer wieder bemühe. (Notker)

Nichts erzwingen,
sondern offen, frei und leer sein.
Nicht ich muss etwas tun,
nicht ich muss etwas schaffen.
Ich muss nur eines:
Tür sein,
Gefäß werden,
Brücke sein.
Dann wird Nichtsein zum Sein
Ohnmacht zur Kraft
Leben zur Liebe.

Loslassen und frei werden

Im Feuer der Liebe »sterben«
christliche und muslimische Mystiker

Alle Religionen wissen: Ein Mensch muss sich von seinem Egoismus und seiner Egozentrik lösen, um in sich Raum für das Absolute zu schaffen. Alle Religionen bieten Übungen an, die dem Einzelnen helfen, solch eine innere Freiheit zu verwirklichen. Die fernöstlichen Religionen nennen das höchste Ziel, das sie erstreben, meist »Erleuchtung«. Christen sprechen oft lieber von »mystischen Erfahrungen« beziehungsweise »Begegnungen mit Gott«.

Aber letztlich sind all das nur Worte. Worum geht es? Es geht um Wege, auf denen wir uns von Klischees und Vorurteilen, Ängsten und Schwächen, kleinen und größeren Lastern, die wie Mühlsteine am Hals hängen, befreien und sensibel werden für das Wesentliche im Leben. Zu diesem Zweck empfehlen religiöse Traditionen gerne Askese:

Im Christentum reichen entsprechende Ratschläge von der Bibel über die Wüstenväter und die Regel Benedikts bis zur spanischen Mystik und weiter in unsere Zeit. Das Ziel ist stets die Einübung in ein gesundes Maß an Selbstdisziplin. Dazu sollen Verhaltensweisen wie zum Beispiel Achtsamkeit, Maßhalten oder Mitgefühl eingeübt werden, die den Blick vom Ich weglenken hin zum Du Gottes beziehungsweise des Nächsten.

Allerdings hat der Begriff Askese, der solch eine Haltung fördern soll, heute oft einen negativen Beigeschmack: Scheint er doch im Widerspruch zu Sinnengenüssen aller Art zu stehen und die Freude an der Schönheit des Lebens zu blockieren. Das Wort asketisch wird daher im Volksmund oft gleichgesetzt mit verklemmt, freudlos oder weltfremd.

Zweifellos gab es im Lauf der Kirchengeschichte Fehlentwicklungen dieser Art. Martin Luther etwa litt als junger Mönch unter einem falsch verstandenen Askesebegriff, der nicht zuletzt Anstoß zur Reformation gab. Im Hintergrund stand die irrige Meinung, Christen könnten sich durch physische oder materielle Opfer den Eintritt ins Himmelreich erkaufen. Inzwischen ist man sich ökumenisch längst einig: Ein solcher Askesebegriff ist ein radikales Missverständnis, das die positiven Absichten asketischer Übungen völlig verkennt.

Nicht minder irritierend ist heute für viele Menschen die in der Mystik und im Ordensleben verbreitete Formulierung, man müsse seinem eigenen Ich »sterben«, um Gott zu begegnen: Klingt »sterben« nicht »düster«, nach Tod, nach dem Verlust der eigenen Persönlichkeit? Sind solche Formulierungen nicht der Ausdruck von Lebensangst oder Duckmäuserei?

Moderne Coachingprogramme fordern meist das genaue Gegenteil: Man soll sich durchsetzen, das eigene Ich über andere stellen. Die Empfehlung lautet oft: »Selbstoptimierung«! Körperliche und mentale Übungen sollen nach dem Willen vieler Anbieter die Leistung des Einzelnen steigern und den beruflichen Aufstieg fördern.

Höchstleistung soll erbracht werden – koste es, was es wolle. In einem chinesischen Glückskeks fanden wir kürzlich die zweifelhafte Verheißung: »Gratuliere: Alles, was Sie sich vornehmen, erreichen Sie auch!« – Sollte man das heute wirklich allen Politikern dieser Welt wünschen?

Vor Jahren sorgte in den USA ein Bestseller für Aufmerksamkeit: *Ich bin o.k., Du bist o.k.* Das erklärte Ziel des Autors war, den Menschen eine positive Lebenseinstellung zu vermitteln: Man sollte sich möglichst gut, ja großartig finden.

Ein Franziskaner widersprach schließlich und sorgte für Irritationen. Er meinte, die bessere Botschaft komme aus einer christlichen Lebenshaltung und laute: Du, Mensch, bist zwar keineswegs »o.k.«, sondern voller Fehler, aber das macht nichts, denn Gott sagt trotzdem Ja zu dir!

Hier wird der Unterschied zwischen Selbstoptimierung und den Idealen der Mystik deutlich. Nach christlichen Vorstellungen kann ein Mensch aus eigener Kraft immer nur einen Ausgangspunkt schaffen. Dann muss er lernen, sich selbst zurückzulassen und über sich hinauszuwachsen.

Ob er dabei sein Ziel erreicht und etwas von Gottes Wirklichkeit erfährt, liegt nicht in seiner Hand. Die Bibel, insbesondere Paulus, spricht in diesem Zusammenhang von »Gnade« beziehungsweise dem Wohlwollen Gottes, das dem Menschen entgegenkommt. Fest steht: Der aktive Weg zu Gott, zum anderen Menschen, aber auch zum eigenen, wahren Selbst, beginnt mit Loslassen.

Als ich mich entschloss, das Gymnasium von Sankt Ottilien zu besuchen, war ich 14 Jahre, also noch sehr jung. Aber mir war schon damals und vor allem bei meinem späteren Eintritt ins Kloster klar: Trotz aller Begeisterung für ein Leben als Missionar, trotz eines inneren Rufs, den ich spürte, würde der Weg nicht einfach sein. Ich begriff schnell, dass ich zu Opfern bereit sein musste:

Der Weg, den ich einschlug, bedeutete zunächst einen radikalen Bruch mit meinem bisherigen Leben. Es galt, mein Elternhaus auf Dauer zu verlassen. Menschen, die ich liebte, würde ich möglicherweise nie wiedersehen. Alles Materielle, was nicht in einen Koffer passte, musste daheimbleiben. Aber das war das wenigste. Ich musste mich auch von dem Traum verabschieden, später eine eigene Familie und Kinder zu haben. All das fiel mir keineswegs leicht.

Aber ich erinnere mich, dass ich überglücklich war, als ich in Sankt Ottilien erstmals meinen Platz im Schlafsaal zugewiesen bekam. Der Gewinn für alles, was ich aufgab, hieß Freiheit: Freiheit für Gott. Von Sankt Ottilien aus öffnete sich mir im wahrsten Sinne des Wortes eine neue Welt.

Benedikt von Nursia empfiehlt dem Mönch Abkehr vom Eigenwillen, um eins zu werden mit dem Willen Gottes. Das ist das Ziel des Gehorsams, den wir Benediktiner bereits als Novizen einüben. Das ist kein militärischer Gehorsam, sondern einer, der die eigenen Grenzen anerkennt und sich darauf einlässt, ein Element in einem größeren Geschehen zu werden. Man akzeptiert und verinnerlicht: Ich bin nicht der Alleinwirkende – weder in der Welt noch in meinem eigenen Leben.

Benedikt war sehr nüchtern, er wusste um die Anfechtungen, die es auch im Kloster gibt. Der Mönch ist nicht der Welt enthoben. Gerade deshalb braucht er die Stütze einer Regel. Sie soll ihn vor der Gefahr des Narzissmus und der Selbstüberschätzung bewahren. Dem dient auch ein gesundes Maß an Askese.

Richtig verstanden soll ein Mönch aber nicht krampfhaft versuchen, sich selbst zu gestalten, oder aktiv danach streben, sich mit Gott zu vereinen. Was er zeit-

Die Bibel erzählt von einem reichen jungen Mann, den Jesus bat, alle Habe den Armen zu schenken, um frei zu werden für einen alternativen Lebensstil (vgl. Mk 10,21). Mehr als 1000 Jahre später warf Franz von Assisi bei einem öffentlichen Eklat seinem Vater alle Kleider vor die Füße und machte sich – ebenso nackt wie befreit – auf den Weg in die Wälder Umbriens. Ein Fresko über dem Grab von Franz zeigt, wie er symbolisch eine asketische Frau im weißen Gewand heiratet: die »Heilige Armut«.

Für den Mystiker aus Assisi bedeutete Armut radikales Loslassen aller weltlichen Güter und zugleich absolute Freiheit, um Gottes Ruf zu folgen. Franz konnte dieses Ideal für sich selbst verwirklichen. Doch der Versuch, es in seinem Orden dauerhaft zu verankern, misslang. Immerhin erhielt seine geistige Gefährtin Klara von Assisi für den nach ihr benannten Ordenszweig der Klarissen die päpstliche Erlaubnis, dem Armutsideal uneingeschränkt zu folgen.

Die Liebe zum evangelischen Rat der Armut und ein entsprechender Lebensstil stehen bei vielen Mystikern und Mystikerinnen für den Entschluss, sich von nichts und niemand anderem abhängig zu machen als von Gott. Kirchlichen Autoritäten war eine solch absolute Freiheit gegenüber weltlichen Einrichtungen allerdings oft suspekt.

Fast alle Mystiker mussten sich früher oder später den kritischen Fragen religiöser Verantwortungsträger stellen. Hildegard von Bingen hatte schon im 12. Jahrhundert mit entsprechenden Problemen zu ringen. Mehr als 100 Jahre später wurde

Meister Eckhart bei der Inquisition angezeigt. Der Dominikaner starb, kurz bevor man einige seiner Thesen verurteilte.

Im Spanien des 16. Jahrhunderts befassten sich die Inquisitoren sogar mit berühmten Persönlichkeiten wie Ignatius von Loyola, Teresa von Ávila oder Johannes vom Kreuz. Und selbst im 20. Jahrhundert bekamen noch viele spirituelle Gestalten die Wachsamkeit der vatikanischen Glaubenskongregation zu spüren.

Schlug doch die Freiheit eines Mystikers zu allen Zeiten – gewollt oder ungewollt – einem Lehramt ins Gesicht, das verzweifelt versuchte, den Glauben in strenge dogmatische Regeln zu bannen, um ihn vor Irrlehren aller Art zu schützen. Konflikte waren die logische Folge. Zudem wurde das Bestreben der Behörden, sinnvolle und gefährliche Formen der Freiheit zu unterscheiden, oft von Intrigen und Machtinteressen gesteuert.

Einigen Mystikern fiel es leichter als anderen, die kirchlichen Autoritäten zu besänftigen, einfach war es für keinen. Martin Luther wurde mit einem Bann belegt und exkommuniziert. Eine Schutzhaft auf der Wartburg rettete sein Leben. Unzählige andere Anhänger der Reformation endeten als Ketzer auf dem Scheiterhaufen.

In jedem Fall bedeuteten Konflikte mit der Obrigkeit für Mystiker eine grausame Prüfung. In manchen Fällen bewirkten sie aber auch ein beeindruckendes spirituelles Reifen. Das gilt besonders für Johannes vom Kreuz – Juan de la Cruz:

Der Karmelit war ein Weggefährte Teresa von Ávilas und gründete 1568 in Spanien das erste Reformkloster der Unbeschuhten Karmeliten. Als es zum Streit über Details der Ordensreform kam, warfen ihn seine Gegner mithilfe der Inquisition 1577 in Toledo in ein stickiges, dunkles Verlies.

Eingekerkert in dieses Loch entwirft Johannes Gedichte, die das geistige Sterben des Mystikers als Weg der Seele durch eine »dunkle Nacht« beschreiben. Psychologisch gesehen entspricht diese »Nacht« dem extremen Leid einer Seele, die gleichsam in Todesqualen noch an ihren Körper gebunden ist und nichts sehnlicher erwartet, als aus dem Gefängnis des Körpers befreit und mit Gott vereint zu werden.

Johannes erkennt in dem körperlichen und seelischen Leid, das er durchmacht, mehrere Phasen: Zunächst müsse man »das Streben nach Geschmack an allen Dingen der Welt aufgeben«, schreibt er: Dies sei »wie eine Nacht für sämtliche Sinne«. Dann tauche aber für das intellektuelle »Erkenntnisvermögen« auch der Glaube und schließlich sogar Gott in »dunkle Nacht«.

Doch genau dort, wo alles menschliche Können und Wollen, das emotionale ebenso wie das rationale, seine Grenzen erreicht und sich alles in tiefstem Dunkel zu verlieren droht, erlebt Johannes den entscheidenden Umbruch: Auf die dunkelste Stunde um Mitternacht folgt langsam die Morgendämmerung.

Nun trifft das Licht Gottes auf die Seele, beobachtet der Mystiker, wenn auch zunächst nur so wie ein »Sonnenstrahl«, der durch eine beschlagene »Glasscheibe« hindurchleuchtet. Entscheidend ist dabei für Johannes: Gott lässt die Seele nun wieder an seinem Wesen und Licht teilhaben.

> »O lebendige Flamme der Liebe,
> die du meine Seele in tiefster Mitte zärtlich verwundest,
> zerreiße den Schleier zur süßen Begegnung!
> O milde Hand, o zart kosende Berührung,
> du schmeckst nach ewigen Leben.
> Tötend hast du Tod in Leben getauscht!«

»In einer solchen Extremsituation fallen alle äußeren Stützen weg, es bleibt nur noch das, was einen Menschen zuinnerst trägt«, kommentiert der Provinzial der Unbeschuhten Karmeliten in Deutschland, Ulrich Dobhan, die Gedichte: »Der Gottsucher Juan de la Cruz hat [die Zeit der Gefangenschaft] seelisch überlebt, indem er sich ganz auf das konzentrierte, was ihm seine Ordensregel nahelegt: Tag und Nacht im Gebet wachen!«

Entscheidend ist dabei das sogenannte »innere Beten«: Es entspricht einer Form der Kontemplation, die Johannes zusammen mit Teresa für den Reformorden der Unbeschuhten Karmeliten entwickelt hatte. Gemeint ist ein achtsames »liebendes Verweilen« bei Jesus beziehungsweise Gott. Johannes hat diese Technik vor seiner Gefangenschaft als geistlicher Begleiter unzählige Ordensleute gelehrt. In Toledo hilft diese Haltung dem Mystiker, neun Monate Kerkerhaft zu überstehen. Dann erst gelingt ihm die Flucht.

Das Sterben in der dunklen Nacht, das Juan beschreibt, ist weit mehr als ein Loslassen, es ist eine seelische Entwicklung, die ein erfahrener Mystiker auf dem Höhepunkt seines geistigen Wegs erlebt. Im Nachhinein gibt Juan seinen Erfahrungen dichterische Gestalt. Mehrere Werke entstehen und werden weltberühmt: *Der Geistliche Gesang, Die Dunkle Nacht* und *Die Lebendige Liebesflamme*.

Alle drei Werke kann man als Liebesmystik bezeichnen. Sie zeigen Parallelen zum Hohenlied Salomos im Alten Testament und haben starke erotische Anklänge: Stets sehnt sich der Liebende beziehungsweise seine Seele danach, ganz im Geliebten, das heißt in Gott, zu vergehen, um in ihm und nur in ihm zu neuem Leben zu gelangen.

*Vor einigen Jahren wurde mir bewusst, wie aktuell die Er-
fahrung von Juan de la Cruz sein kann. Ich nahm damals
die Gelegenheit wahr, Freunde zu besuchen, die für gewisse Zeit in Vietnam arbeiteten. Als Theologin interessierte
ich mich dabei auch für die Situation der Kirche, die dort
seit Jahrzehnten streng vom Staat kontrolliert wird.*

*Eines Tages besuchten wir nördlich der Hauptstadt
Hanoi eine alte Kathedrale und man zeigte uns in ihrem
Inneren 150 Gräber: Sie gehörten christlichen Märtyrern,
erklärte uns ein Führer, die im 20. Jahrhundert während
des Vietnamkriegs und der Verfolgung durch das kommu-
nistische Regime zu Tode kamen.*

*Bei dieser Gelegenheit lernte ich einen asketisch wirken-
den, grauhaarigen Herren kennen. Er war katholischer
Priester und hatte die damalige Zeit miterlebt: »1954 teilte
man Vietnam in den kommunistischen Norden und den
schließlich von den Amerikanern kontrollierten Süden«,
berichtete er. »Danach wurde die Situation bei uns im Norden immer schwieriger. Die Geheimpolizei kontrollierte
die Religionen zunehmend. 1960 wurden dann alle Priester, die nicht rechtzeitig in den Süden flohen, inhaftiert.«*

*Fortan überlebte die Kirche nur noch im Untergrund.
Er selbst sei 1974 heimlich geweiht worden, erzählte mein
Gesprächspartner. Anschließend habe auch er im Untergrund gearbeitet: »Alle kirchlichen Strukturen waren
vom Staat streng verboten. Keiner von uns durfte offiziell
eine Messe feiern. Es war eine wirklich harte Zeit. Man
brauchte einen tiefen Glauben, um durchzuhalten.«*

*Schließlich wurde auch er inhaftiert, so der Priester, und
musste mehrere Jahre in einem Gefangenenlager der Kom-
munisten überstehen. Er habe dort Grauenvolles erlebt, ver-*

sicherte mir der Vietnamese, und überraschte mich dann mit der Aussage: »Trotzdem habe ich mich in dieser Zeit schwerster Verfolgung Gott so nahe gefühlt wie nie zuvor!«

Ich erinnerte mich, dass ich auf Reisen im Nachbarland China von Christen Ähnliches gehört hatte. Manche mussten Jahrzehnte in den Lagern der Volksbefreiungsarmee zubringen und erlitten grausame Torturen. Doch sie betonten, dass sie in dieser Zeit zwar an den Menschen, aber nie an Gott zweifelten. Im Gegenteil: Trotz Hunger, Kälte und Folter hätten sie immer wieder deutlich seine Nähe gefühlt! (Corinna)

Freilich hat nicht jeder das Glück, in einer dunklen Nacht seines Lebens diesen Trost zu spüren, auch nicht jeder Mystiker. Ein schwieriges Beispiel ist Mutter Teresa von Kalkutta: Die aus dem heutigen Nordmazedonien stammende Anjezë Gonxhe Bojaxhiu wurde im Alter von 19 Jahren von ihrem Orden nach Indien geschickt. Zunächst unterrichtete sie dort ab 1929 in einer Schule für Töchter aus wohlhabenden Familien.

Doch das unbeschreibliche Elend in den benachbarten Slums erlebte die junge, unerfahrene Europäerin wie ein Trauma, das ihr keine Ruhe ließ. Ab 1946 hatte sie öfter Visionen: »Ich hörte den Ruf Jesu, alles aufzugeben und in den Slums den Ärmsten der Armen zu dienen.«

Teresa folgte diesen mystischen Eingebungen und gründet gegen viele Widerstände inner- und außerhalb der Kirche den Orden der Missionarinnen der Nächstenliebe. Das Hospiz für Sterbende, Nirmal Hriday, das sie danach in Kalkutta aufbaut, wurde weltberühmt. Immer mehr idealistische Frauen schlossen sich dem Orden an. Heute zählt er rund 5000 Schwestern und hat Niederlassungen in aller Welt.

Erst nach Mutter Teresas Tod, im Jahr 1997, wurde durch ihre Tagebücher bekannt, dass auf die gefühlsmäßige Nähe zu Jesus, die sie in den ersten Jahren in Indien empfand, Jahrzehnte der emotionalen Leere folgten. Manche Kommentare der Ordensfrau verraten blanke Verzweiflung: »Dunkelheit umgibt mich von allen Seiten. Meine Seele leidet. Vielleicht gibt es gar keinen Gott. Himmel, was für eine Leere!«

Als sie diesen schmerzlichen Zustand zum ersten Mal empfindet, hat Mutter Teresa bereits den neuen Orden aufgebaut und dabei fast Übermenschliches geleistet. Heutzutage würde ein erfahrener Psychologe bei der jungen Frau wohl sofort Anzeichen einer schweren Erschöpfungsdepression diagnostizieren – eine Form von Burnout – und ihr eine Ruhepause verordnen.

Doch vor weit mehr als einem halben Jahrhundert fehlte ihren Beichtvätern das nötige Wissen. Vielmehr deuteten sie Teresas Schmerz als dunkle Nacht der Seele und Vorboten neuer mystischer Erfahrungen. Den Preis für diese Fehlinterpretation musste die Ordensfrau zahlen: Ihre Depressionen und Zweifel begleiteten sie mit wenigen Unterbrechungen bis ans Lebensende.

Immerhin gelang es ihr, dem Rat eines Jesuiten folgend, ihren Schmerz zeitweise als mystische Einheit mit dem leidenden Jesus am Kreuz zu verstehen. Und so konnte sie schließlich mit Blick auf ihren wachsenden Orden sagen: »Mir bleibt nur eines: die tiefe und feste Überzeugung, dass all dies Gottes Werk ist. Ich kann nichts tun, außer ihm Raum geben.«

Mutter Teresa ist kein Einzelfall. Die junge Karmelitin Therese von Lisieux litt vor ihrem Tod ebenfalls unter dem beängstigenden Gefühl, Gott sei in einem Dunkel verschwunden. Sie setzte ihrer Angst die Kraft der Liebe entgegen. Auch die Ärztin und Ordensfrau Ruth Pfau, die Pakistan von der Lepra befreite, hatte im fortgeschrittenen Alter oft den Eindruck, »unter einer dunklen Wolke« zu leben. Sie bezeichnete diesen Zustand allerdings freimütig als »Depression«.

Nicht zuletzt klagte die Gründerin der Fokolarbewegung, Chiara Lubich, nach Jahrzehnten der mystischen Nähe zu Jesus in ihren letzten Lebensjahren über eine schmerzliche Leere: »Jenseits des Meeres, hinter dem Horizont, verschwindet Gott und ist nicht mehr zu sehen. Man denkt: Gott hat mich verlassen. Warum?« Die Italienerin versuchte diese Erfahrung ebenfalls mithilfe der Mystik zu bewältigen und als Vereinigung mit Jesus in seiner Todesstunde am Kreuz zu begreifen.

Bei all dem gilt: Die Grenzen zwischen psychologischen, neurologischen und spirituellen Phänomenen sind oft fließend. Die Naturwissenschaft kann heute zwar seelische Ausnahmezustände messen, aber selten erklären, warum sie eintreten. Die Psychologie ist nicht in der Lage zu beurteilen, ob Gott existiert, ob er einen Menschen in bestimmten Momenten berührt oder sich ihm entzieht. Sie will solche Urteile auch nicht treffen.

Ähnliches gilt für die Philosophie: Ludwig Feuerbach verstand Gott im 19. Jahrhundert als »Projektion« des Menschen, Friedrich Nietzsche proklamierte gar den Tod Gottes. Aber bei all dem bleibt zu fragen: Wer oder was starb hier? Gott? Sicher nicht. Wenn überhaupt jemand starb, dann war es ein Bild Gottes, das sich für einen Menschen oder sogar für eine Epoche nicht mehr als tragfähig erwies.

Die verschiedenen Wissenschaften stehen in keinem Widerspruch. Ganz im Gegenteil, sie ergänzen sich, denn sie betrachten dieselben Phänomene aus unterschiedlichen Perspektiven. Das Zerbrechen eines Gottesbildes ist eine nüchterne historische Entwicklung. Eine Depression ist eine psychologische Störung, zum Beispiel infolge eines Traumas. Die Frage, ob Gott dennoch existiert und ob er einem Menschen nahe ist oder nicht, entscheidet sich auf einer anderen Ebene.

Jedem ehrlichen Mystiker bleibt nicht mehr und nicht weniger als seine subjektive Wahrnehmung und der Versuch, sie mithilfe der Vorbilder seiner Religion zu interpretieren. Ein christlicher Mystiker wird daher auch in der dunkelsten Nacht nach der Bibel greifen und nach dem Beispiel Jesu fragen.

Vor dieser Herausforderung stand im 16. Jahrhundert auch Martin Luther. Er litt wie viele seiner Zeitgenossen unter einer übermächtigen Höllenangst. Bilder von Hieronymus Bosch geben bis heute einen Eindruck von den Qualen des Fegefeuers, die damalige Christen fürchteten. Der junge Augustinermönch empfand jäh seine Grenzen als Mensch und kam an den Rand von Depressionen. Er selbst sprach von quälenden »Anfechtungen«.

»Ich denke, Luthers Ringen mit seinen Anfechtungen entspricht ziemlich genau dem, was in der karmelitischen Tradition als ›dunkle Nacht der Seele‹ oder ›des Geistes‹ beschrieben wird«, kommentiert der Mystikforscher Gregory Collins: »Und angesichts der eigenen Begrenztheit erkannte Luther, dass die Bußpraxis der mittelalterlichen Kirche ihm hier absolut nicht weiterhalf. Was ihm letztlich half, waren die biblischen Aussagen über Gottes grundlose Gnade.«

Als er sich 1518 in diese Aussagen vertieft, macht der Bibelwissenschaftler Luther eine überwältigende mystische Erfahrung. Sie hilft ihm, Gott fortan bedingungslos zu vertrauen und den Glauben als befreiende Kraft zu verstehen. Erleichtert wird er in Predigten sagen: »Wer fest an den Zusagen Christi hängt im Glauben, der wird den Tod nicht sehen.«

All jenen, die nur auf ihre eigene Kraft setzen, antwortet der Reformator nun mit Worten, die an bekannte Mystiker wie

Meister Eckhart erinnern: Wer Gott erkennen wolle, der müsse vorher »sich selbst sterben« und erkennen, dass er »nichts« sei.

Die kompromisslose Art, mit der Luther auf die »Aufgabe des eigenen Willens« verweise, sei bemerkenswert, meint Volker Leppin. Der Tübinger Kirchenhistoriker hat 2017 erstmals evangelischerseits ein Buch über *Luthers mystische Wurzeln* veröffentlicht. Es habe ihn überrascht, so Leppin, zu sehen, wie tief Luthers Denken in der mittelalterlichen Mystik verankert ist. Das zeige sich auch in Spitzenaussagen des Reformators wie: »Es bleibt nichts als nackter Glaube an Gott.«

Luther selbst hat seine Gedanken noch in einer Kreuzestheologie vertieft, der *Theologia Crucis*: Glauben, so heißt es dort, bedeute, Gott ebenso unbegrenzt zu vertrauen, wie es Jesus am Kreuz tat – bis in die letzte Konsequenz. Das schließt für den Augustiner die Bereitschaft ein, mit Jesus zu sterben und sich wie er Gott rückhaltlos anzuvertrauen mit den Worten: »Dein Wille geschehe und nicht der meine.«

Wer diese völlige Hingabe lebt, betont Luther, gelangt zur *Unio mystica*, zur mystischen Einheit mit Jesus beziehungsweise Gott: »Im Glauben werde ich eins mit Christus. Es ist etwas Großes, wenn Christus in uns bleibt und wir in ihm. Was sein ist, ist mein, und was mein ist, ist sein.«

Interessanterweise sehen auch Strömungen der islamischen Mystik in Jesus, ja in seinem Leben und Sterben, ein unübertroffenes Vorbild des Glaubens. Berühmt ist die Geschichte des Sufis Mansūr al-Hallādsch, der im Jahr 922 in Bagdad im heutigen Irak ans Kreuz geschlagen wurde:

Der Mystiker hatte sich damals öffentlich gegen die Korruption in Regierungskreisen und für soziale Reformen ausgesprochen. Viele bewunderten ihn dafür, andere hassten ihn.

Vor allem aber kritisierten muslimische Rechtsgelehrte den Anspruch des Sufis, mit göttlicher Autorität zu lehren.

Hatte Mansūr doch öffentlich gesagt: »Ich bin die absolute Wahrheit.« Das bedeutet im arabischen Raum so viel wie: »Ich bin Gott.« Mit diesem Satz hatte er seine Gegner aufs Äußerste provoziert. Man könnte ihn in der Tat als Gotteslästerung missverstehen, es sei denn, man sieht ihn – wie al-Hallādsch selbst – im Licht der Mystik.

»Ein muslimischer Mystiker muss sich auf seinem Weg zu Gott von sich selbst befreien, er muss seinem ›Ich‹ sterben, um frei zu werden für Gott«, erläutert der algerische Sufi Adnane Mokrani, der an einer Päpstlichen Universität in Rom islamische Theologie lehrt: »In der Mystik des Islams spricht man vom ›Erlöschen des Ichs‹, dem eine geistige ›Auferstehung‹ folgt: ein neues Leben in Gott, das menschliche Grenzen überschreitet.«

Die Aussage »Ich bin Gott« bedeutet daher für einen Sufi: Ich habe mich von meinen egozentrischen Ideen und Wünschen so radikal gelöst, dass in mir nichts mehr ist als die Wahrheit Gottes. Ein enormer Anspruch! Aus der Sicht seiner Anhänger besiegelte Mansūr al-Hallādsch ihn mit seinem Tod. Und ihm folgte in der Tat eine spirituelle Auferstehung, denn nach seiner Kreuzigung erlangte Mansūr im Sufismus als Märtyrer Weltruf. Seine Verehrer legten ihm posthum folgendes Gedicht in den Mund:

»Aus Liebe zum Ewigen habe ich meine Seele hingegeben,
wie Jesus habe ich die Höhe des Kreuzes erreicht,
den Gipfel des Kreuzes der Liebe.
Mein Wesen berührt das Wesen Jesu,
es wurde in Gottes Geist verwandelt.
Wie Jesus habe ich die Einheit von allem erkannt,
wie Jesus wurde ich am Kreuz zur Wahrheit!«

Dogmatiker beider Religionen mögen mit dem Gedicht Probleme haben. Doch islamische und christliche Mystiker haben hinter den Worten stets das Bemühen gespürt, Brücken zwischen den Religionen zu bauen. »Jesus war von jeher für muslimische Gottsucher ein Asket, der als Vorbild überhaupt gilt«, schreibt der Islamwissenschaftler Adel Theodor Khoury: »Was die Asketen des Islams an Jesus am stärksten beeindruckt, ist seine Demut und seine Barmherzigkeit.«

Dies und vieles andere lernten die ersten islamischen Mystiker im Orient wohl von christlichen Mönchen, die der Koran ausdrücklich würdigt. Die Trinitätslehre war für Muslime stets eine nicht nachvollziehbare, intellektuelle Spielerei. Aber Jesus – Isa – bewunderten sie als »Gesandten Gottes«, als »Wort Gottes« und nicht zuletzt als Mystiker, in dem die Liebe Gottes für alle Menschen erfahrbar wird.

Leider fanden die interreligiösen Gespräche der Frühzeit durch die islamischen Eroberungsfeldzüge und die christlichen Kreuzzüge schon bald ein jähes Ende. Die Politik trat zunehmend zwischen die Angehörigen beider Religionen. Weltliche und religiöse Herrscher begannen, Christen, Juden und Muslime gegeneinander auszuspielen, um ihre eigene Macht zu festigen.

Trotzdem existierte rund um das Mittelmeer jahrhundertelang ein reger Kulturaustausch, an dem sich auch die Mystiker der drei monotheistischen Religionen lebhaft beteiligten. Ein Zentrum der Kommunikation war der syrische Raum, von dem aus die Seidenstraßen über Persien bis nach Indien und in den Fernen Osten führten. Weitere wichtige Handelsrouten reichten von Konstantinopel über das Heilige Land und Ägypten bis nach Marokko und Südspanien.

Unter maurischer Herrschaft blühte in Andalusien lange ein intensiver Gedankenaustausch zwischen Christen, Juden und

Muslimen. Erst die Reconquista, bei der katholische Herrscher den gesamten Süden Spaniens zurückeroberten, setzte dem ein Ende. Ab 1492 wurden nicht-katholische Gläubige von der iberischen Halbinsel vertrieben. Viele Juden und Muslime übersiedelten damals nach Marokko.

Ein halbes Jahrhundert später wurde im andalusischen Úbeda Johannes vom Kreuz geboren, Juan de la Cruz. Und es dürfte kein Zufall sein, dass das »Sterben« des Mystikers, das Juan in der *Dunklen Nacht der Seele* beschreibt, viele Parallelen zur Sufi-Mystik zeigt.

Schon im 13. Jahrhundert schrieb der bekannte persische Mystiker Dschalāl ad-Dīn Rūmī Texte, die wie eine Antwort auf das verzweifelte Verlangen der Seele nach Gott klingen, das Juan während und nach seiner Kerkerhaft empfindet.

Johannes schwärmt von einer »lebendigen Liebesflamme«, die den Gottsucher verzehrt. Bei Rūmī heißt es: »Lass deine Seele im Feuer der Liebe entbrennen und brenne damit alle deine Gedanken und Worte weg!« In anderen Gedichten des Sufis liest man:

> *»Verbrenne die Finsternis deines Ich-Seins.*
> *Löse dich auf in das Sein dessen, der Erhalter von allem ist.*
> *Wer sich mit ihm vereinigt, muss sich ganz loslassen.*
> *Alles ist vergänglich, nur Gottes Wesen bleibt.*
> *Bist du dir selbst gestorben und in Gott versenkt,*
> *dann wirst auch du nie vergehen.«*

Wir wissen nicht, ob Johannes auf Umwegen Texte von Rūmī kennengelernt hat oder ob Parallelen zufällig sind. Orientalisten haben im 20. Jahrhundert auf eine Verbindung zwischen Juan de la Cruz und dem marokkanischen Sufismus des 14. Jahrhunderts verwiesen. Hier könnte eine Spur liegen.

Die moderne Tiefenpsychologie nach C. G. Jung spricht in solchen Fällen aber auch gerne von »archetypischen Motiven«, die im Unterbewusstsein jedes Menschen verankert sind. Sie verbinden die Menschheit und – so darf man annehmen – auch die Mystiker aller Religionen.

Als Studentin hörte ich während einer interkulturellen Woche in der Schweiz zufällig in einer Kirche ein Sufi-Konzert, das eine Gruppe persischer Exilmusiker gab. Obgleich alle Texte in Farsi gesungen wurden und ich kein Wort verstand, war ich fasziniert: die Atmosphäre, die Kirche, die Musik … Für mich war es in gewisser Weise eine Begegnung mit Gott, aber ich konnte dieses Gefühl nicht erklären.

Viele Jahre später reiste ich mit einer interreligiösen Dialoggruppe in den Iran. Bei einem Besuch im Basar hörte ich plötzlich dieselbe Art von Musik. Ich bat unsere Gastgeber von der Universität, mir beim Kauf einer CD behilflich zu sein. Sie war – wie erwartet – nur persisch und arabisch beschriftet. Aber unsere iranischen Freunde, die sich spürbar über mein Interesse freuten, übersetzten die Texte bereitwillig.

So erfuhr ich, dass es sich durchweg um Gedichte alter Mystiker handelte: Ibn ʿArabī, Hafis, Rūmī … Sie besangen ihre Liebe zu Allah, priesen seine Barmherzigkeit und erzählten von ihrer Sehnsucht, eins mit Gott zu werden.

Unsere Freunde erklärten mir auch, wie wichtig die Mystik von jeher im persischen Raum war. Sie sei, hieß es sogar, »der christliche Teil« der Seele eines Moslems. Bis heute gibt es im Iran viele mystische Gemeinschaften und sogar Studiengänge an Universitäten, die sich mit dem Thema befassen. Auch unter jungen Leuten scheint die Mystik sehr beliebt. Man sieht in ihr offenbar eine zeit-gemäße Art zu glauben.

Ich war glücklich, so viel zu lernen. Vor allem aber war ich sprachlos, dass ich vor vielen Jahren den tiefen Inhalt dieser Gedichte gespürt hatte, ohne auch nur ein Wort zu verstehen. Mir wurde einmal mehr bewusst: Die Mystik ist – wie die Musik – eine Brücke zwischen Kulturen und Religionen! (Corinna)

Das Licht ist beständig,
es verbirgt sich nicht vor dir.
Du aber
bist ihm fern
bis zu jenem Augenblick,
in dem du
aus ihm heraus
erneut geboren wirst.

Eins werden und Gott berühren

Streifzüge zwischen Christentum und Hinduismus

Für Benedikt ist das Ziel jedes Mönchs die Abkehr vom Eigenwillen, um eins zu werden mit dem Willen Gottes. Es geht um ein schrittweises Aufgehen im göttlichen Geheimnis. Das ist gemeint, wenn unsere Regel sagt: »Wer aber im klösterlichen Leben und im Glauben fortschreitet, dem wird das Herz weit, und er läuft in unsagbarem Glück der Liebe den Weg der Gebote Gottes (RB Prolog 49).

Benedikt empfiehlt dazu keine besondere Meditationsform, sondern orientiert sich am frühchristlichen Mönchtum. Meditari heißt dort: sinnieren, nachdenken, leise vor sich hinsagen, auswendig lernen ... Mönche sollten damals ja die Evangelien und die Psalmen auswendig können und das immer wieder leise murmelnd einüben.

Außerdem beruft sich Benedikt auf Johannes Cassian (360–435 n. Chr.), einen der ersten Klostergründer des Westens, der Erfahrungen des östlichen Mönchtums nach Europa gebracht hat, besonders das Ruhegebet, eine Vorstufe des Herzensgebets. Dabei werden kurze Texte beziehungsweise Gebete aus der Bibel kontinuierlich wiederholt, bis sie in Fleisch und Blut übergehen, zum Beispiel »O Gott, komm mir zu Hilfe« (Ps 70,2).

Auf diese Weise wird eine Atmosphäre des Vertrauens und der inneren Ruhe meditativ eingeübt, mit dem Ziel, sich immer mehr für Gott zu öffnen. Die Texte sind nur Instrumente, um den Boden für sein Wirken zu bereiten.

Dann kann sich ereignen, was Paulus im Römerbrief schreibt: »Ebenso nimmt sich auch der Geist unserer Schwachheit an« (Röm 8,26). Der Geist trägt uns dann. Er ist das Medium, das eine Verbindung zwischen dem Menschen und Gott entstehen lässt.

Es ist – bildlich gesprochen –, wie wenn man den Knopf am Computer drückt. Dann sind wir online. Beim immerwährenden Gebet oder beim Herzensgebet sind wir sozusagen ständig »online« mit Gott. Aber es ist nicht so sehr unser Bemühen, das die Verbindung schafft. Entscheidend ist: Wenn wir uns auf Gott hin öffnen, schafft er selbst die Verbindung.

Deshalb heißt die stille Bibellesung, die wir Mönche pflegen, Lectio Divina – »göttliche Lesung«. Denn wir sind überzeugt: Gott selbst wirkt dabei im Herzen der Menschen. Und während der Alltag des Mönchs äußerlich ganz normal abläuft, bleibt er doch in Gott, das heißt in einer tieferen Dimension des Lebens, verankert.

Dieses Bewusstsein, in Gottes Gegenwart zu sein, schenkt mir Geborgenheit und Zuversicht. Die Psalmworte unseres letzten Chorgebetes am Tag, der Komplet, lauten: »In deine Hände, Herr, lege ich meinen Geist« – gemeint ist meine ganze Existenz. Diese Haltung schafft in mir Ruhe, die sich auch auf den Körper auswirkt. Sie begleitet mich über den Schlaf hinaus in den nächsten Tag. Es entwickelt sich das Bewusstsein: Ich bin bei Gott und Gott ist bei mir. (Notker)

Benedikt von Nursia starb in der Mitte des 6. Jahrhunderts. Nur wenige Jahrzehnte später verfasst Papst Gregor der Große in den sogenannten *Dialogen* eine Art Biografie des Heiligen. Dabei zeichnet er dessen Leben als mystischen Aufstieg zu Gott. Den Höhepunkt dieses Aufstiegs bildet symbolisch eine »kosmische Vision« am Fenster eines hohen Turmes:

»Während Benedikt in dunkler Nacht hinausschaute, sah er plötzlich ein Licht, das sich von oben her ergoss und alle Finsternis der Nacht vertrieb. Etwas ganz Wunderbares ereignete sich in dieser Schau, wie er später erzählte: Die ganze Welt wurde ihm vor Augen geführt, wie in einem einzigen Sonnenstrahl gesammelt.« Diese Vision wird von einer »Erleuchtung des Herzens« begleitet, erzählt Gregor weiter: Berührt vom »Licht Gottes«, erahnt Benedikt die »Einheit der Welt«, und zugleich wird seine Seele »in ihrem Inneren ganz weit«.

Die Sehnsucht der Seele nach dem göttlichen Licht, das ins Dunkel der Welt fällt, nach dem Aufsteigen in himmlische Sphären zur Einheit in Gott – all das sind typische Elemente der östlichen Mystik. Sie spiegeln sich in der Theologie der orthodoxen Kirchen, aber auch in anderen orientalischen und asiatischen Religionen. In jedem Fall gelten Gebet, Meditation und Kontemplation als geeignete Methoden, um in Kontakt mit dem Geheimnis des Göttlichen zu kommen. Bei dem Mystiker Dionysius Areopagita aus Kleinasien liest man schon im 6. Jahrhundert:

»Willst du in Gott, o Mensch, dein Herz versenken,
dann halte ein und such nicht weiter,
dann knie nieder, still wie ein Asket,
verlasse dich allein auf dein Gebet,
dann spürst du ihn:
Dann flutet dich sein Licht!«

Mehr als 700 Jahre später wird der Dominikaner Meister Eckhart vom göttlichen »Seelenfünklein« sprechen, das im Herzen jedes Menschen wirkt, und sagen: »Gott ist in allen Dingen, aber nirgends so eigentlich wie in der Seele, im Innersten der Seele. Dort erschafft Gott die ganze Welt: alles, was vergangen ist, und alles, was künftig ist.«

Will eine Seele diese Wahrheit nachvollziehen, muss sie zuvor sich selbst »vergessen«, versichert Eckhart: »Du brauchst nicht zu meinen, deine Vernunft könne so wachsen, dass du Gott erkennen könntest. Wenn Gott in dir göttlich leuchten soll, dann fördert dich kein natürliches Licht, es muss vielmehr zu Nichts werden. Dann kann Gott mit seinem Licht in dich hinein und in dir leuchten. Und er bringt alles mit sich, was dir ausgegangen ist, tausendfach und mehr.«

Diese geheimnisvolle Verbindung, weiß der dominikanische Mystiker, ist das höchste Ziel aller Meditationsübungen: »Die Seele soll so mit Gott vereint sein, dass es ihr vorkommt, als sei nichts mehr als Gott allein. Eine Seele, die dies tut, die kommt in eine Ruhe aller Dinge.«

Im 16. Jahrhundert haben Vertreter der spanischen Mystik wie Johannes vom Kreuz oder Teresa von Ávila ihre mystischen Erlebnisse sehr viel emotionaler beschrieben. In einem ihrer Hauptwerke, der *Inneren Burg – Castillo Interior –* schildert Teresa die Vereinigung der Seele mit Gott als Weg durch mehrere Räume beziehungsweise über mehrere Stufen. Schließlich sagt sie:

»Wenn die Seele entbrannt ist und sich verzehrt, geschieht es oft, dass sie so etwas wie ein feuriger Pfeil trifft. Was es auch sein mag, man erkennt klar, dass es nicht aus unserer Natur kommen kann. Es verwundet zutiefst im Inneren der Seele. Dahinein schlägt dieser Blitz, der alles, was er Irdisches an unserer Natur findet, geschwind durchzuckt und in Staub verwandelt.«

Wie bei orientalischen und insbesondere bei muslimischen Mystikern nimmt der Austausch mit dem Göttlichen hier eine ekstatische Dimension an. Spirituelle und erotische Motive verschmelzen. Man wird an die Worte eines Sufis wie Dschalāl ad-Dīn Rūmī erinnert, der in seinen Gedichten Gott auf das Gebet des Mystikers antworten lässt:

>*Dein glühendes Bitten und dein ganzes Bemühen,*
mich zu erreichen, ist nichts anderes als meine Hände,
die dich an mich ziehen. Und auf jeden deiner Schreie
›Oh mein Gott!‹ antworte ich hundertfach:
›Hier bin ich!‹ Meine Antwort gebe ich dir ohne Worte,
aber du kannst sie vom Kopf bis in die Zehen spüren.«

Schon der Zisterzienserabt Bernhard von Clairvaux, ein Zeitgenosse Hildegards von Bingen, hat die Kontemplation als Geschenk für den Betenden bezeichnet: Denn sie ereigne sich, »indem das Wort Gottes aus Gnade zur menschlichen Natur herabsteigt und indem die menschliche Natur von der Liebe Gottes zu diesem Wort emporgehoben wird«.

Der Mystiker werde dann in gewisser Weise sich selbst genommen, versichert Bernhard, und »trunken von göttlicher Liebe«: »Selig nenne ich den und heilig, dem geschenkt wird, etwas Derartiges in diesem sterblichen Leben zu erfahren, selten zwar, aber doch zuweilen; oder auch nur einmal, und dies ganz plötzlich, im Zeitraum eines einzigen winzigen Augenblicks. Denn das ist ein Anteil am Zustand der Himmlischen, nicht Sache menschlichen Empfindens: dich sozusagen zu verlieren, gleichsam als wärest du nicht mehr.«

Dieser »geheimnisvolle« Vorgang vollziehe sich in der »allerinnersten Mitte der Seele, dort, wo Gott selbst weilt«, betont Teresa von Ávila. Ihre Ekstase hat der römische Bildhauer Gian Lorenzo Bernini meisterhaft in Marmor festgehalten. Die Skulptur schildert den Augenblick, in dem die Mystikerin von dem feurigen Pfeil eines Engels getroffen wird:

»Der Schmerz, den ich empfand«, schreibt Teresa, »war so stark, dass er mich Klagen ausstoßen ließ. Aber zugleich war die Zärtlichkeit, die dieser ungemein große Schmerz bei mir auslöst, so überwältigend, dass noch nicht einmal der Wunsch hochkommt, er möge vergehen, noch dass sich die Seele mit weniger begnügt als mit Gott.«

Packende Visionen – leidenschaftliche Ekstasen – Feuer und Licht – ein beglückendes Gefühl der Gewissheit – eine bleibende Ruhe ... Der Weg der Mystik und das Ziel mystischen Erlebens hat viele Facetten. Jeder Mensch, der Momente der Begegnung mit dem Göttlichen kennt, empfindet sie individuell, meint der spanische Dozent und Karmelit Emilio Martínez. »Teresa erlebte Visionen und Ekstasen, andere nicht. All diese Details sind aber völlig zweitrangig. Entscheidend ist: Ein Mystiker erfährt die alles durchdringende Gegenwart des Göttlichen. Man kann auch sagen: die Wirklichkeit Gottes in sich und in der Welt.«

Bei aller Verschiedenheit gibt es immer wieder bemerkenswerte Parallelen im Erleben der Mystiker verschiedener Kulturen und Religionen. Der Jesuit und Mitbegründer eines Meditationszentrums in der Schweiz, des Lassalle-Hauses, Nikolaus Brantschen, hat im 20. Jahrhundert seine eigenen Erfahrungen mithilfe der Zenmeditation vertieft. Das mystische Erlebnis der »Erleuchtung« etwa, das während der Meditation, aber auch zu einem anderen Zeitpunkt eintreten kann, so Brantschen, sei für ihn nicht an die konkreten Vorgaben einer bestimmten Religion gebunden:

»Das ist ein Aufwachen und Sehen, ein unmittelbares Wahrnehmen dessen, was ist. Wesensschau, das Wahrnehmen meines eigentlichen ursprünglichen Wesens, und im selben Moment schaue ich das Wesen der Welt schlechthin. Ich würde sagen, es liegt haarscharf in der Mitte von rationalem Bewusstsein und so einem Fühlen, Empfinden. Es ist eine innere Sicht, gleichsam mit dem dritten Auge, wie es die Mystiker im christlichen Mittelalter gesagt haben. Also es ist eine Klarheit, eine Unmittelbarkeit.«

Vor einigen Jahren flog ich nach Spanien, um über einen besonderen, internationalen Kongress an der Universität der Mystik in Ávila zu berichten: Er brachte erstmals die Spiritualität buddhistischer Mönche und Nonnen mit der christlichen Mystik in Austausch. Die entscheidende Frage, die alle Teilnehmer bewegte, lautete: Können spirituelle, mystische Erfahrungen den Dialog zwischen den Religionen und den Frieden in der Welt fördern?

Die Atmosphäre in der mittelalterlichen Heimatstadt der heiligen Teresa, die malerische Lage der Hochschule in blühenden Gärten und die Gastfreundschaft der Karmeliten, die sie leiten, sorgten von Anbeginn für eine positive Stimmung. Trotzdem war unter den Buddhisten, die aus vielen Ländern Asiens kamen, eine deutliche Zurückhaltung zu spüren.

Man fühle durchaus einen Auftrag zum Dialog um des Friedens willen, sehe aber kaum Parallelen zwischen den Religionen als Gesprächsbasis, hörte ich beim ersten Interview. Die komplizierte christliche Dogmatik sei für

Buddhisten »befremdlich«. Buddha habe schließlich seine Nachfolger angewiesen, keine Zeit für Spekulationen über Gott zu verschwenden, sondern sich ethisch zu engagieren.

Diesem Ziel diene auch die Meditation, erklärte ein buddhistischer Dozent aus Hongkong: »Die Erfahrung der Erleuchtung, die wir Buddhisten dabei erstreben, übersteigt alle Vorstellungen. Wir haben keine Worte dafür. Aber es ist eine Wirklichkeit, deren Wirkung wir tatsächlich erfahren können. Sie verändert uns. Buddha hat das schon vor 2500 Jahren erlebt, und es gilt bis heute.« Und ein buddhistischer Mönch aus Myanmar ergänzte: »Wer die Erleuchtung erreicht, erkennt in jedem Objekt die Energie der ganzen Welt, des Universums. Das verändert einen Menschen von Grund auf. Sein Egoismus verschwindet, er handelt fortan mitfühlend.«

Es folgten Tage mit interessanten intellektuellen Diskussionen. In den Meditationsstunden, zu denen sich die buddhistischen Gäste versammelten, sah man von Tag zu Tag mehr Christen. Zugleich fielen in der kleinen Kirche der Universität immer mehr Buddhisten auf, die in ihren orangen Roben konzentriert das tägliche Gebet der Karmeliten verfolgten. Langsam wandelte sich die Atmosphäre der Veranstaltung.

Er wisse nicht, ob sich die Erfahrungen, die Christen mit Gott machten, und seine eigenen Erlebnisse als Buddhist vergleichen ließen, meinte einer der Mönche abschließend: »Für jeden von uns ist seine eigene Tradition kostbar und seine eigene Erfahrung wunderbar. Und das ist gut so.« Aber in Ávila habe er in diesen Tagen etwas Entscheidendes gelernt, versicherte mein Gesprächs-

partner: »In unseren beiden Religionen erleben wir Ähnliches: Während wir beten oder meditieren, spürten Christen offenbar ebenso wie wir Buddhisten eine Kraft der Verwandlung. Sie motiviert uns – gleich welcher Religion wir angehören – und bringt der Menschheit Gutes.« (Corinna)

Wie man auch mystische Erfahrungen verstehen mag, eine wichtige Frage bleibt und wird in religionskritischen Kreisen heute oft gestellt: Sind solche Eindrücke Realität oder nur Einbildung, Illusion? Wissenschaftler bemühen sich in jüngster Zeit immer wieder zu erforschen, was in Menschen, die spirituell aktiv sind, vorgeht.

Versuchspersonen – so etwa buddhistische Mönche – werden in solchen Fällen gebeten, Meditationsübungen durchzuführen, während ein digitaler Scanner ihre Gehirnströme oder Nervenimpulse überwacht: »Die Versuche zeigen«, so der Neurologe Thomas Fuchs von der Universität Heidelberg, »dass bei solchen Übungen bestimmte Regionen des Schläfenlappens aktiv werden, die in besonderer Weise mit Entgrenzungserfahrungen verbunden sind, das heißt mit der Erfahrung mystischer Entgrenzung.«

Die Unterstellung, dass religiöse Erlebnisse dieser Art nur auf Einbildung beruhten, erklärt Fuchs, werde durch diese Forschungsergebnisse eindeutig widerlegt: »Es zeigt sich vielmehr, dass das Gehirn während einer Meditation besonders kontinuierliche, entspannte elektrophysiologische Zustände einnimmt, die im üblichen Alltagsverhalten so nicht auftreten.«

Eine weitere Frage kann die Neurologie bisher aber nicht beantworten. Sie lautet: Sind diese außergewöhnlichen Zustände nur psychosomatisch bedingt – das heißt Körperreaktionen, die infolge einer psychologischen Entwicklung auftreten –, oder weisen sie auf den Kontakt mit einer transzendenten Größe hin? Mit anderen Worten: Die Vorstellung, dass die Probanden bei der Übung einer göttlichen Macht begegnet sind, kann die Naturwissenschaft weder beweisen noch widerlegen.

Die Interpretation seiner Erfahrungen bleibt also dem Mystiker überlassen beziehungsweise den Erklärungsmodellen, die ihm seine Religion oder Weltanschauung zur Verfügung stellt. Fest steht in jedem Fall: Mystische Phänomene haben eine reale, wissenschaftlich messbare Seite.

Davon ist auch die schweizerische Therapeutin Monika Renz überzeugt: Eine innere Begegnung mit Gott beziehungsweise Jesus sei möglich, versichert die Psychologin aufgrund ihrer jahrelangen Arbeit mit Kranken und Sterbenden: »Der Christ – ob gläubig oder zweifelnd –«, könne Jesus »als einen in ihm Wirkenden« erfahren, was zu einer konkreten Veränderung des Menschen führe. Wer Jesus in sich erkenne, so die Therapeutin, überwinde oft schwere psychologische Blockaden und besinne sich neu auf die Liebe, die er aus dem Blick verloren habe. Er finde hinter alle Entzweiung »zurück, ins Eine«, in die Einheit mit Gott. So ereigne sich seelische »Heilung«.

Es dürfte genau diese Dimension des Glaubens sein, die im 20. Jahrhundert auch moderne evangelikale oder pfingstkirchliche Gemeinschaften in aller Welt für sich entdeckt haben. In Südamerika, Afrika und Asien boomen kirchliche Gemeinschaften, die ihren Anhängern Heilungen von allerlei Krankheiten und Beschwerden – oft in Form von Gruppenerlebnissen – versprechen.

Allerdings sind inzwischen manche dieser Gruppierungen in Verruf gekommen. Ein Mangel an finanzieller Transparenz und ein oftmals aggressives Verhalten bei der Werbung neuer Mitglieder stellen ihre Seriosität nachweislich infrage.

Problematisch ist, dass durch solch unlauteres Verhalten nicht nur einzelne Menschen ausgebeutet werden. Es wird auch eine uralte christliche Erfahrung in Misskredit gebracht, die auf Jesus selbst zurückgeht: die Überzeugung, dass der Glaube, das heißt eine enge Beziehung zu Gott, heilend wirken kann – auf jeden Fall seelisch, und manchmal durchaus auch körperlich.

Im Jahr 2010 wurde in Rom eine 18-jährige Italienerin selig-gesprochen, die zur Fokolarbewegung gehörte und 1990 an Krebs starb: Chiara Luce Badano. Die junge Frau hatte sich trotz ihrer Jugend während ihres Leidenswegs gezielt um eine mystische Verbindung zu Jesus bemüht: zu seinem Schmerz am Kreuz und zu seiner Geborgenheit im Glauben. Sie wurde darin für Jugendliche in aller Welt zum Vorbild. Ihren Freunden hinterließ sie auf Tonband eine besondere Erfahrung, die sie während ihres Krebsleidens gemacht hatte:

»Ich musste mich im Krankenhaus einem schmerzhaften Eingriff unterziehen. Ich hatte etwas Angst, aber plötzlich trat eine leuchtende Gestalt an meine Seite, nahm meine Hand und machte mir Mut Sie kam mir vor wie ein Engel. Ich kann mir den Vorgang nicht erklären, aber ich bin Gott sehr dankbar dafür. Und ich habe etwas verstanden: Wenn wir immer so auf-nahmefähig wären, so offen in unserer Seele, wie ich es in die-sem Moment war, wie viele Zeichen Gottes würden wir dann wahrnehmen?! Ich ahne auch, wie oft Gott bei uns ist, aber wir uns dessen gar nicht bewusst sind. Es war jedenfalls ein wun-derbares Erlebnis, ein Moment der wirklich tiefen Begegnung mit Gott!«

Der Appell der jungen Italienerin enthält eine wichtige Erkenntnis: Mystische Erfahrungen sind nicht zwangsläufig der Höhepunkt oder Abschluss eines Lebens. Ganz im Gegenteil: Sie vermitteln eine neue Lebenseinstellung und öffnen für einen neuen Lebensabschnitt. So sah es auch der Jesuit und moderne Mystiker, Hugo Enomiya-Lassalle:

»Die Erleuchtung ist eine Erfahrung des Ganzen und überwindet den Dualismus zwischen Mensch und Welt. Sie ist die Inbesitznahme einer geistigen Kraft, die an sich jeder Mensch in sich hat, die ihm aber zuvor verborgen war und daher nicht zur Verfügung stand. Erleuchtung ist ein Innewerden des Absoluten. Aber die Erleuchtung ist nur der Anfang! Wichtig ist, dass der Betreffende (weiter) an sich arbeitet.«

Der buddhistische Mönch Thich Nhat Hanh hat vor Jahren ein Buch unter dem Titel *Jesus und Buddha. Ein Dialog der Liebe* veröffentlicht. Darin schreibt er: »Unser Leben hat eine Dimension, mit der wir möglicherweise noch gar nicht in Berührung gekommen sind: die Dimension des Himmels. Es spielt keine Rolle, ob wir sie Nirvana oder Gottvater nennen. Wichtig allein ist, dass wir zu dieser Dimension eine Verbindung herstellen.«

Als ich in Rom nach einem Interview auf dem Hügel Aventin den Heimweg antrat, zog unvermittelt ein Gewitter auf. Ein kühler Platzregen ließ mich Schutz in einer Kirche aus dem 5. Jahrhundert suchen: Santa Sabina. Es gab dort keine Sitzbänke, nur in einer Seitenkapelle, der Sakramentskapelle, standen ein paar Stühle. Ein Dutzend Jugendliche, unter ihnen einige junge Ordensfrauen, hatten sich hier schweigend zum Gebet versammelt.

Einige Plätze waren frei, und man bedeutete mir, dass ich mich dazusetzen könne. Ich ließ die Atmosphäre auf mich wirken und spürte um mich herum eine intensive Kraft, die ich nicht beschreiben konnte, allenfalls symbolisch als Wärme. Hätte diese Kraft sich in Licht oder Feuer verwandelt, hätte sie die ganze Kapelle erleuchtet.

Das erinnerte mich an ein Erlebnis in den Bergen Tibets, das schon Jahre zurücklag. Damals besuchte ich dort mit einer Dialoggruppe ein buddhistisches Kloster. Es war früh am Morgen, auf den Bergspitzen lag Neuschnee, ein eiskalter Wind wehte. Wir waren aus dem Tiefland angereist, hatten uns nicht warm genug angezogen und froren schrecklich.

Als wir beeindruckt, aber zitternd die Aussicht bewunderten, kam plötzlich ein junger buddhistischer Mönch auf uns zu und signalisierte uns, dass wir in die Meditationshalle kommen sollten, wo einige Mönche ins Gebet vertieft waren. Wir folgten der Aufforderung gerne und setzten uns schweigend zu ihnen. Und obgleich die Temperatur in der Halle nur geringfügig höher war als draußen, wurde mir während der konzentrierten Mediation rasch wärmer.

Als man uns dann noch unaufgefordert heißen Buttertee brachte, war das für uns fast schon der Himmel auf Erden. Die Mönche wollten kein Geld annehmen. Aber der Buddha in der Gebetshalle bekam von uns zum Abschied aus Dankbarkeit und zur Freude unserer Gastgeber einige duftende Räucherstäbchen.

Anschließend entspann sich in unserer Gruppe eine lange Diskussion: Hatte Buddha uns durch sein Mitgefühl geholfen? Oder Jesus? Oder beide? Und machte das

überhaupt einen Unterschied? Jedenfalls erschien uns die
spontane Gastfreundschaft der Mönche wie ein Geschenk
des Himmels. Und als wir den Berg wieder hinabstiegen
Richtung Lhasa, waren wir uns einig: Die Stunde im Klos-
ter glich einem mystischen Erlebnis. (Corinna)

Ob Buddhist oder Christ, Jude, Hindu oder Moslem – letztlich
geht es für jeden religiösen Menschen darum, mit Gott verbunden zu bleiben: »online«! Wer eine solche Haltung lebt, wird
aus ihr Kraft ziehen: für sich und für andere. Online zu sein mit
Gott, bedeutet, eine ganzheitliche Spiritualität zu leben.

Niemand ist eine Insel lautete nach dem Zweiten Weltkrieg
der Titel eines Romans von Johannes Mario Simmel. Die Kriege des 3. Jahrtausends, die Umweltkrise und die Coronapandemie zeigen einmal mehr, wie aktuell dieser Satz ist: Alles ist
in der Welt mit allem verbunden, jeder mit jedem – ob wir das
wollen oder nicht. »Online« zu bleiben mit Gott heißt auch:
diese Herausforderung ernst nehmen.

Vor Jahren besuchte ich eine unserer benediktinischen
Gemeinschaften in Guatemala. Zu ihr gehören fast aus-
schließlich Mayas. Wir sprachen, aßen und beteten zu-
sammen, und ich lernte dabei viel über ihre Mentalität.
Zum Abschied baten sie mich, an ein Feuer zu kommen,
das sie im Innenhof ihres einfachen Klosters entzündet
hatten.

Und dann geschah etwas Berührendes: Einer nach dem
anderen kam mit einer Kerze in der Hand auf mich zu
und bat um meinen Segen. Ich spürte, wie wichtig ihnen
diese kleine Zeremonie war, und war glücklich, ihnen auf
diese Weise für ihre Gastfreundschaft danken zu können.

Immer wieder habe ich erfahren, dass Menschen in Lateinamerika, Afrika oder Asien ein sehr feines Gespür für den Wert eines Segens haben. In einem Dorf im Norden Chinas kamen einst nach dem Gottesdienst rund 2000 Leute, einer nach dem anderen, unaufgefordert zu mir. Und alle hatten denselben Wunsch: einen persönlichen Segen. Es war anstrengend, aber die Freude der Menschen war mir Dank genug.

Die größte Überraschung erlebte ich einmal in Indien: Ich war in Vijayawada, einem Benediktinerkloster im Osten des Landes. Anlässlich eines Festes besuchten wir ein Marienheiligtum in den Bergen, zu dem an solchen Tagen Zigtausende von Pilgern aufsteigen: Katholiken und Protestanten, Hindus und Muslime. Auf halber Anhöhe liegt eine Kirche. Wir gingen hinein. Etwas erschöpft trennte ich mich von unserer Gruppe und suchte in der Nähe des Altares ein wenig Ruhe zum Beten.

Doch plötzlich kam ein Inder auf mich zu, neigte seinen Kopf und bat um meinen Segen. Ich wusste nicht, wer er war oder welcher Religion er angehörte, kam aber seiner Bitte nach. Und kurz darauf war ich umringt von Männern, Frauen und Kindern, die alle das Gleiche erbaten.

Ich habe keine Ahnung, was diese Menschen zu mir führte, denn ich war nicht als Geistlicher zu erkennen, sondern absolut unauffällig gekleidet. Sie konnten nicht einmal wissen, dass ich Christ war, aber das spielte für sie offenkundig auch keine Rolle. Ich fühlte jedenfalls, dass ihr Anliegen ernsthaft war.

Anschließend habe ich noch lange über das Erlebnis nachgedacht. Während wir in Deutschland diskutieren, nach logischen Erklärungen für religiöse Phänomene su-

chen oder uns über Lehrsätze streiten, geht es in anderen Kulturen viel stärker um die Hingabe an Gott, um die Erfahrung von Nähe und Zuspruch.

Was bedeutet ein Segen? Ich denke, es geht darum, die Gegenwart Gottes durch mich hindurchströmen zu lassen und so anderen etwas von seiner Liebe zu vermitteln. Gottes Nähe tröstet und schafft Geborgenheit. Sie zu spüren und weiterzugeben, das macht die Mystik aus! (Notker)

Der in Indien vorherrschende Hinduismus kennt unzählige Gottheiten, ähnlich wie die griechisch-römische Mythologie. Doch neben diesen Volkstraditionen gibt es von jeher einen philosophisch geprägten Hinduismus. Hier führt man die Welt in all ihrer Vielfalt auf einen einzigen göttlichen Ursprung zurück.

In der jahrtausendealten Weisheit der Veden heißt es bereits: »Er ist der Schöpfer, er der Ordner, er allein ist der Eine, der Einzige.« Und an anderer Stelle liest man: Sie bezeichnen mit vielen Namen, »was [in Wirklichkeit] nur das Eine ist«.

Der Hindu und Mystiker Mahatma Gandhi zeigte sich im 20. Jahrhundert überzeugt, dass nicht nur alle Hindus, sondern alle Weltreligionen letztlich dieselbe Quelle allen Seins verehren. Nur aufgrund unterschiedlicher kultureller Prägungen der einzelnen Religionen habe dieser eine Gott verschiedene Namen erhalten: Jahwe, Allah, Rama und so weiter. Der indische Dichter und Mystiker Kabir hat es so ausgedrückt:

> *»Wie kann ich sagen:*
> *Er ist diesem nicht gleich und gleicht jenem?*
> *Wenn ich sage:*
> *Er ist in mir, so ist das All beschämt.*

Wenn ich sage:
Er ist außer mir, so ist es eine Lüge.
Er macht die inneren und die äußeren Welten
zu einer unteilbaren Einen.
Das Bewusste und das Unbewusste
sind beide Schemel seiner Füße.
Er ist weder offenbart noch verborgen.
Er ist weder ent- noch verhüllt.
Es gibt keine Worte zu künden, was er ist.«

Der Text spiegelt die uralte mystische Lehre des Hinduismus: Advaita. Ihr zufolge ist die Seele jedes Lebewesens, Atman, eins mit dem alles umfassenden göttlichen Weltgeist, Brahman. Diese Verbindung beziehungsweise Einheit könne auch ein moderner Mensch deutlich spüren, betonte Gandhi in einer Radioansprache:

»Es gibt eine undefinierbare, geheimnisvolle Macht, die alles durchdringt. Ich fühle sie, auch wenn ich sie nicht sehe. Diese unsichtbare Macht teilt sich selbst mit und bedarf keiner weiteren Beweise. Sie ist transzendent, das heißt, sie liegt jenseits dessen, was meine Sinne wahrnehmen können. Dennoch gibt sie uns die Möglichkeit, die Existenz Gottes in einem ganz bescheidenen Ausmaß zu erfahren.«

Gandhi kannte auch das Christentum gut. Als angehender Jurist verbrachte er in Südafrika einige Zeit in einem Kloster deutscher Trappisten. Ihr asketischer Lebensstil und ihre Spiritualität beeindruckten den damals noch jungen Inder sehr:

»Die meisten Bewohner des Klosters waren durch ein Schweigegelübde gebunden. Ich fragte den Abt nach den Motiven dafür, und er sagte: ›Wenn wir auf die sanfte, leise Stimme hören wollen, die immer in uns spricht, dann werden wir sie nicht verstehen können, wenn wir selbst ständig reden.‹ Ich kenne also das Geheimnis des Schweigens«, versicherte Gandhi später.

Auch die Person Jesu zog den charismatischen Hindu an. Er dachte zeitweise sogar über eine Konversion zum Christentum nach, konnte aber die Dogmen der christlichen Trinitätslehre nicht akzeptieren. Gandhi verstand sich zeitlebens als Wahrheitssucher, der bemüht war, Gott im Alltag durch einen authentischen Lebensstil Raum zu geben:

»Gott muss sich in jedem noch so kleinen Vollzug unseres Lebens ausdrücken«, forderte der Pazifist: Eine mystische Gotteserfahrung werde in der »Verwandlung« konkret, die sich im Charakter eines Menschen vollzieht. Solche Zeugnisse, so Gandhi, finde man »unter den Weisen und Propheten aller Länder und Glaubensrichtungen«. Ihre Glaubwürdigkeit beruhe stets auf einem ethischen Verhalten, in dem sich die Gegenwart Gottes spiegelt:

»Ich habe Gott oft am tiefsten erfahren, wenn alles um mich herum dunkel war – während meiner Leiden im Gefängnis«, erinnerte sich der indische Freiheitskämpfer gegen Ende seines Lebens: »Die Beziehung zwischen Gott und mir [bestand] zu allen Zeiten.« Ihre Grundlage war das Gebet, die tiefe Sehnsucht des Herzens, »ganz im Herrn aufzugehen«.

Gandhi orientierte sich in seinen letzten Lebensjahren zunehmend am Ideal des Sannyasin, des hinduistischen Gelehrten, der auf alle weltlichen Güter verzichtet und seinen Alltag nur noch auf Gott ausrichtet. Manche dieser indischen Asketen ziehen als Wandermönche durchs Land. Andere sammeln als Gurus beziehungsweise Lehrer Gläubige um sich und bauen einen Ashram auf, eine spirituell ausgerichtete Wohngemeinschaft.

Im südindischen Bundesstaat Tamil Nadu leitet Swami Nithyananda bis heute den Ashram von Tapovanam. Der Hindu-Mystiker pflegt gerne den Austausch mit christlichen Mönchen und beteiligt sich seit Jahren am Monastischen Interreligiösen Dialog.

»Die Mystik ist der Punkt, an dem sich die Religionen treffen«, betont er: »Um die Mystik zu respektieren, muss man verstehen, was sie ist: Es geht um die unmittelbare Erfahrung Gottes. Das muss Hand in Hand gehen mit einem kontemplativen Lebensstil und der Einsicht, dass alle Religionen das Ergebnis von Gottes Gnade sind.« So verstanden, bilde die Mystik eine Brücke zwischen den Glaubensrichtungen, meint der Swami, und sie sei die beste Basis für Dialog und Kooperation.

Jahrzehnte sind vergangen, seit der französische Benediktiner Henri Le Saux erstmals nach Tapovanam kam, um hier die hinduistische Meditationsmethode Dhyana zu erlernen. In Tapovanam, berichtete Le Saux später, habe er verstanden, was Dhyana wirklich bedeutet:

»Zieh dich zurück in dein Inneres, dorthin, wo nichts ist. Geh in deine Tiefe, in der nicht einmal Gedanken existieren. Dort, wo nichts mehr ist, ist Fülle. Dort, wo du nichts siehst, entsteht eine Vision vom wahren Sein!«

Mitte des 20. Jahrhunderts errichteten Le Saux und einige seiner Mitbrüder südlich von Tapovanam in einem Palmenwald am Fluss Kaveri den Ashram von Shantivanam. Ihr Ziel war, das Christentum und den Hinduismus ins Gespräch zu bringen. Der englische Benediktiner Bede Griffiths führte das Projekt fort. Dabei entwarf er eine beeindruckende Schöpfungsmystik:

»All unsere Begriffe von Gott – wie ›Vater‹ oder ›Sohn‹ – sind nur Vorstellungen, Projektionen. Jenseits dieser Begriffe ist Gott – im christlichen ebenso wie im hinduistischen Sinn – der Ursprung, die Quelle, das Eine … Und aus diesem Einen geht die ganze Schöpfung hervor: das Universum, die Erde und die Bäume, die Tiere und die Menschen – jeder von uns.«

Wer Indien kennt – die leuchtend grünen Reisfelder, die majestätischen Bäume und die breiten Ströme –, ahnt, wie sehr die Einsichten des Benediktiners von der faszinierenden Natur des Landes geprägt sind. Bede Griffiths entwickelte ein immer tieferes Gefühl für die göttliche Kraft, deren Wirken er »in allem Lebendigen« beobachtete:

»Im Hinduismus sagt man: Das Universum hat keinen Bestand aus sich heraus. Es ist in diesem Sinn nur Illusion, ›Maja‹. Aber durch seine Beziehung zum Göttlichen erhält es Wirklichkeit. Im christlichen Mittelalter hat Thomas von Aquin gesagt, dass die Welt nur aufgrund ihrer Beziehung zu Gott existiert.«

Vergleichbare Überlegungen habe er auch von buddhistischen und islamischen Mystikern gehört, so der Benediktiner: Jede Religion ahne also auf ihre Weise etwas von der göttlichen Energie, die alles Seiende verbindet.

Bede Griffiths starb 1993. Der Ashram von Shantivanam existiert bis heute, inzwischen als Kloster der Benediktiner von Camaldoli. Menschen aller Länder und Kulturen treffen sich hier zu Seminaren und Gesprächen. Viele entdecken dabei erstmals die mystische Seite ihrer Religion und kommen neu in Kontakt mit dem Ursprung ihrer Existenz. Der Mystiker Griffiths sah in Begegnungszentren wie diesen einen modernen Weg, den Glauben zu vermitteln, und eine Hoffnung für die Kirche. Jede Kultur verehre andere Glaubenslehrer und Propheten, meinte er in einem seiner letzten Interviews, für ihn stehe aber fest:

»Jenseits aller Unterschiede zwischen unseren Religionen gibt es eine grundlegende Wahrheit, die wir alle teilen. Meine Hoffnung für die Zukunft ist, dass die Religionen diese ihnen eigene Tiefe neu entdecken. Solange wir an der Oberfläche bleiben, sehen wir nur die Unterschiede, und der Hinduismus scheint meilenweit weg vom Christentum oder vom Islam. Aber wenn wir in jeder Religion in die Tiefe gehen, uns auf ihr Zentrum zubewegen, dann kommen wir uns automatisch näher. Denn alles entspringt in diesem Zentrum und alles läuft auf dieses Zentrum zu!«

Die Energie des Lebens
strömt wie ein Fluss
und ruht wie ein See.
Sie fließt durch uns hindurch.
Du kannst sie nicht festhalten,
aber du kannst
zum See werden.

»Online« bleiben mit Gott

Die Mystik des Lebens entdecken

In meinem Leben, das inzwischen über 80 Jahre währt, habe ich nie Ämter oder Erfolge angestrebt. Ich habe nur zu allem, was auf mich zukam und was mir notwendig schien, Ja gesagt. Das ist entscheidend. So konnte ich jeden Moment als Berufung verstehen, als ständig neuen Ruf des Herrn. Mystik wird dann zu einer Grundhaltung, die man verinnerlicht, die den Alltag begleitet und bestimmt.

Freilich wäre es naiv zu meinen, dass all dies ohne Enttäuschungen oder Opfer abliefe. Schon bald nach meinem Eintritt in die Gemeinschaft der Missionsbenediktiner von Sankt Ottilien 1961 erfuhr ich solch eine herbe Enttäuschung: Ich war damals beseelt von der Idee, Missionar zu werden, musste mir aber erklären lassen, dass ich körperlich viel zu schwach sei, um in die Mission zu gehen. Stattdessen sollte ich Professor für Philosophie werden und wurde schließlich an die Benediktinerhochschule Sant'Anselmo in Rom geschickt, um dort Studenten auszubilden.

Nun gut, sagte ich mir schweren Herzens, immerhin werde ich mein Leben auch so für Christus einsetzen können. Zwar werde ich den Erfolg vielleicht nie selbst sehen, aber das macht nichts.

Doch dann kam alles ganz anders: Kaum hatte ich mich in Rom gut eingelebt, wurde ich jäh aus meinen dortigen Aufgaben herausgerissen, weil die Mönche von Sankt Ottilien mich 1977 zu ihrem Erzabt wählten. Ich musste nach

Deutschland zurückkehren und hatte plötzlich nicht nur die Verantwortung für ein großes Kloster, sondern auch für die weltweite Kongregation der Missionsbenediktiner.

Die kommenden Jahre waren voller Herausforderungen. Ich reiste rund um den Globus und konnte neue Klöster mitbegründen, unter anderem auf den Philippinen, in Kenia, Uganda, Togo und Indien. Es gelang mir, den interreligiösen Austausch mit den Zen-Buddhisten Japans zu fördern sowie neue Projekte in unseren ehemaligen Ottilianer Missionsgebieten im Nordwesten Chinas und sogar in Nordkorea anzustoßen. All dies hätte ich mir zuvor nie träumen lassen.

Im Jahr 2000 nahm mein Leben dann abermals eine ungeahnte Wende. Ich wollte sie zunächst mit aller Kraft verhindern, musste sie aber schließlich akzeptieren. Denn unser internationaler Äbtekongress wählte mich in Rom zum Abtprimas der weltweiten Gemeinschaft der Benediktiner.

So war ich gezwungen, erneut in die Ewige Stadt umzuziehen. Zweimal wurde ich wiedergewählt und blieb daher bis 2016 in Rom.

Wenn ich heute zurückdenke, kann ich abermals nur staunen, was in dieser Zeit alles geschah: die Modernisierung des Gebäudekomplexes und des Lehrplans unserer Hochschule, der Zusammenschluss der Benediktinerinnen in aller Welt zu einer geistlichen Gemeinschaft und vieles mehr ... Ich konnte auch den interreligiösen Dialog erfolgreich ausbauen, vor allem jenen mit dem Islam, insbesondere mit den Schiiten im Iran.

Bei all dem habe ich immer versucht, mich einfach auf die Herausforderungen Gottes einzulassen und so aus der

Einheit mit ihm zu leben. Wieder wurde das, was ich zunächst abgelehnt hatte, zum Ausgangspunkt für überaus erfüllte Jahre. Nach Ablauf meiner dritten Amtszeit bin ich 2016 nach Sankt Ottilien zurückgekehrt: Als ich am 30. Oktober in Rom ins Auto stieg, um die Ewige Stadt endgültig zu verlassen, spürte ich ein Erdbeben. Später erfuhr ich, dass es nicht zuletzt Norcia (Nursia), die Geburtsstadt des heiligen Benedikt, schwer erschüttert hatte. Für mich war auch das eine Art mystische Erfahrung. (Notker)

Wer sich ernsthaft mit Mystik befasst, kommt immer wieder zu dem Schluss: Mystische Erfahrungen können mit Schlüsselerlebnissen oder Visionen verbunden sein, die zu einem Perspektivenwechsel ermutigen. Aber letztlich geht es in der Mystik um etwas anderes: um eine grundsätzliche Einstellung zum Leben.

»Die Erleuchtung ist nur der Anfang«, versicherte einst der Japanmissionar und Zenlehrer Hugo Enomiya-Lassalle. Er wusste: Sie ist nicht mehr und nicht weniger als der Ausgangspunkt, um ein »neues Bewusstsein« zu entwickeln. Die praktische Umsetzung erfordert die Arbeit eines ganzen Lebens. Dabei ist mit diesem Bewusstsein etwas ganz Schlichtes gemeint, nämlich die Einsicht: Trotz allen Engagements sind wir als Menschen nicht die »großen Macher«; wir sind nur Gefäße, die aufnehmen und weitergeben, was ihnen zuströmt.

Die Erleuchtung ist dann nicht mehr und nicht weniger als eine neue Sichtweise auf die menschliche Existenz, eine Haltung, die jeder Mensch entwickeln kann. Jeder und jede kann sich auf das Göttliche ausrichten und trainieren, mit ihm »online« zu sein. Oft bedarf es dazu nur einer gewissen Aufmerksamkeit.

Im 20. Jahrhundert sind etliche Mystiker dieser Spur gefolgt. Der evangelische Pfarrer und Arzt Albert Schweitzer etwa machte eine entscheidende spirituelle Erfahrung, als er vor mehr als 100 Jahren in Afrika durch die tropische Natur am Fluss Ogowe fuhr:

»Ich saß in einem der Schleppkähne. Auf einer Sandbank zur linken wanderten vier Nilpferde mit ihren Jungen in dieselbe Richtung wie wir. Da kam ich plötzlich auf das Wort ›Ehrfurcht vor dem Leben‹: Ich bin Leben, das leben will, inmitten von Leben, das leben will.«

Auf Schweitzer wirkte dieser Moment wie eine kleine Erleuchtung. Er hatte zu diesem Zeitpunkt bereits eine Erfolg versprechende Universitätskarriere aufgegeben und mit seiner Frau begonnen, in Lambarene im heutigen Staat Gabun ein Krankenhaus für die Ärmsten aufzubauen.

Diese Klinik gestaltete der elsässische Arzt fortan durch seine Ethik der »Ehrfurcht vor dem Leben« als Modellprojekt: Jeder Notleidende fand hier unbürokratisch Hilfe – egal ob arm oder reich, schwarz oder weiß, Mensch oder Tier.

Lambarene wurde weltberühmt und Albert Schweitzer konnte rückblickend sagen: »Sosehr mich das Problem des Elends in der Welt beschäftigte, so verlor ich mich doch nie in Grübeln darüber, sondern hielt mich an den Gedanken, dass es jedem von uns verliehen sei, etwas von diesem Elend zum Aufhören zu bringen.«

Die Ethik der »Ehrfurcht vor dem Leben« half dem liberalen Theologen auch, seine christlichen Ideale Nicht-Christen verständlich zu machen, ja allen Menschen guten Willens. Schweitzer war überzeugt: »Tiefe Weltanschauung [wie diese] ist Mystik, insofern sie den Menschen in ein geistiges Verhältnis zum Unendlichen bringt.«

Solch eine Weltanschauung führe sogar zum »Einswerden« mit dem »Absoluten«, meinte der Theologe. Denn in ihr begegne man der »Idee der Liebe« gleich einem geistigen »Lichtstrahl, der aus der Unendlichkeit zu uns gelangt«.

Diesem Licht folgte der »Urwaldarzt« zeitlebens. 1953 erhielt er für seine Arbeit den Friedensnobelpreis. In der Folgezeit kämpfte er zunehmend gegen die atomare Aufrüstung, in der er eine Gefahr für alles Lebendige sah. 1965 starb Albert Schweitzer in Lambarene und wurde am Ogowe beigesetzt.

Das Krankenhaus existiert dort bis heute. Seine Ethik der Liebe und des Mitgefühls gegenüber allen Lebewesen hinterließ Schweitzer der Menschheit als universellen Auftrag: »Wir müssen uns vom gedankenlosen Dahinleben frei machen. Durch die Ethik der Ehrfurcht vor dem Leben gelangen wir in ein geistiges Verhältnis zum Universum. Das verleiht uns die Fähigkeit, in einer höheren Weise als in der bisherigen in der Welt daheim zu sein und in ihr zu wirken.«

Von der Antike bis ins Mittelalter war es für Menschen aller Kulturen selbstverständlich, Gottes Gegenwart in allem Lebendigen zu ahnen. Vor 800 Jahren formulierte der Mystiker Franz von Assisi eine solche Schöpfungsspiritualität in seinem berühmten *Sonnengesang*:

> *Gelobt seist Du, Herr, mit allen Wesen,*
> *die Du geschaffen hast,*
> *unserer Herrin und Schwester vor allem,*
> *der Sonne, die den Tag herAUfführt*
> *und Licht spendet mit ihrem mächtigen Glanz:*
> *Von Dir, Höchster, ist sie das Gleichnis!*

Auch viele andere Mystiker jener Epoche waren überzeugt, Gottes Liebe zur Welt in den Wundern der Natur zu begegnen. Hildegard von Bingen etwa hat dem »Schöpfer aller Dinge« folgende Worte in den Mund gelegt:

> *Alle lebendigen Funken habe ich angezündet.*
> *Ich, Feuer des Lebens,*
> *zünde hin über alle Schönheit der Gefilde,*
> *leuchte auf den Gewässern,*
> *brenne in der Sonne, strahle in Mond und Gestirnen*
> *und erwecke mit dem Windhauch der Lüfte*
> *jedwedes Leben erfüllte Ding.*

Doch in der Neuzeit hat sich dieses Weltbild in den modernen Industrienationen grundlegend verändert. Die Wissenschaft hat Gott, Mensch und Natur in verschiedene Forschungsbereiche aufgespalten. Die Bahnen der Gestirne im Universum und andere Phänomene, die man einst für Mysterien hielt, sind und werden erforscht. Vieles ist zur Selbstverständlichkeit geworden. Gleichzeitig geriet die Schöpfungsmystik, die in allem das Wirken einer transzendenten Macht sieht, zunehmend aus dem Blick.

Das hatte schwerwiegende Folgen. Denn mit ihrer göttlichen Dimension verlor die Natur durch das Verhalten vieler Politiker und Wirtschaftskonzerne ihre eigentliche Würde. Eine rücksichtslose Ausbeutung der Ressourcen ist die Folge. Die moderne ökologische Bewegung versucht dem auf ihre Weise entgegenzutreten.

Papst Franziskus hat das Thema im 21. Jahrhundert – auf Anregung des orthodoxen Patriarchen Bartholomäus – in der Enzyklika *Laudato si'* zur Sprache gebracht. Etliche ökumenische und interreligiöse Initiativen sind inzwischen bemüht, die Ehrfurcht vor der Natur neu ins Bewusstsein der Politik zu rücken.

Bei all dem geht es nicht nur um die Rettung des Klimas oder des Regenwaldes, der gnadenlos aktuellen Wirtschaftsinteressen geopfert wird. Das Problem liegt noch tiefer. Der verstorbene UN-Generalsekretär und Mystiker Dag Hammarskjöld hat es schon im 20. Jahrhundert auf den Punkt gebracht:

»Gott stirbt nicht an dem Tag, an dem wir nicht mehr an eine persönliche Gottheit glauben, aber wir sterben an dem Tag, an dem das Leben für uns nicht länger von dem wiederkehrenden Glanz des Wunders durchstrahlt wird, von Lichtquellen jenseits aller Vernunft.«

Daran ist viel Wahres. Auch andere moderne Mystiker wie Bede Griffiths oder Hugo Enomiya-Lassalle beklagten, dass der moderne Mensch seine Identität verloren habe. Sie spürten: Das eigene Selbst ist vielen Zeitgenossen ebenso abhandengekommen wie Gott oder der Sinn des Lebens. Gefühl und Verstand wurden – insbesondere in Europa – auseinandergerissen. Der Intellekt dominiert, die Intuition kommt zu kurz.

Griffiths und Lassalle fanden dank der jahrtausendealten Weisheit asiatischer Religionen zu einer neuen Ganzheit und Ausgeglichenheit. Sie träumten davon, ihre Einsichten in die europäische Kultur zu integrieren, ja die Erkenntnisse des Ostens und des Westens zu verbinden. Dabei waren Sätze wie jene des indischen Dichters Rabindranath Tagore für sie eine Inspiration: »Gott schläft im Stein, er atmet in der Pflanze, er träumt im Tier und er erwacht im Menschen.«

Ein solch intensives Gespür für die göttliche Lebenskraft in allem Seienden findet man nicht nur im Hinduismus oder im Buddhismus, sondern auch in der muslimischen Mystik.

Nördlich von Damaskus liegt am Rand der syrischen Wüste das Moses-Kloster Deir Mar Musa. Hoch über einem trockenen Flussbett schmiegen sich die sandsteinfarbenen Gebäude wie ein Schwalbennest an den Felsen. Das Kloster ist seit Jahrhunderten ein Ort der Ruhe und der Meditation. Heute lebt hier eine internationale ökumenische Ordensgemeinschaft, die sich auf den Dialog mit dem Islam konzentriert.

Ihr Gründer ist der italienische Islamwissenschaftler Paolo dall'Oglio. Als der Jesuit während des Syrienkriegs zwischen verfeindeten Parteien vermitteln wollte, wurde er entführt. Seither fehlt von ihm jede Spur. Trotzdem bleibt die Gemeinschaft von Mar Musa vor Ort: als lebende Brücke zwischen den Religionen. Das Gebet um den Frieden ist ihr ebenso wichtig wie die praktische Hilfe für jene Syrer, die der seit über zehn Jahren tobende Krieg zu Flüchtlingen machte.

In einem seiner letzten Interviews erzählte mir Padre Paolo noch, wie sehr ihn von jeher der syrische Sufismus faszinierte, der Gott als »Atem des Universums« begreift: »Das starke Gespür dieser muslimischen Mystiker für die Gegenwart Gottes habe ich immer bewundert: Allah ist für sie der Ursprung allen Lebens, er wirkt in jedem Atom, in jedem Lebewesen, im Menschen, seinem Denken, Fühlen und Wünschen.«

Auch die Meditationsformen des Sufismus, so der Jesuit, bei denen ein Gläubiger unablässig rhythmisch den Namen Gottes rezitiert, seien für ihn sehr inspirierend: »Allah, Allah … dieses mantrische Wiederholen des Namens erfolgt mit den Lippen und mit dem Herzen. Es bedeutet, Gott zu fühlen, zu atmen. Es bedeutet, in seiner Gegen-

wart zu sein, ganz und gar präsent, ja eins mit ihm zu sein.«

Diese Worte erinnerten mich an den islamischen Mystiker Dschalāl ad-Dīn Rūmī, der einst sagte: »Suche Gott! Doch weshalb suchen? Er ist hier. Näher als dein Atem.« – Dall'Oglio nickte damals zustimmend: Diese Meditationsform lasse etwas von der Wirklichkeit Gottes ahnen, meinte er, und europäische Christen manches lernen: »Es ist ein radikales Verständnis von Gottes Präsenz und dem Wirken seines Geistes in der Welt. Christliche und muslimische Mystiker können einander wirklich bereichern und als Geschwister verstehen!« (Corinna)

Doch was bedeutet die Vorstellung, dass Gott in allem und jedem gegenwärtig ist, für ein modernes Weltbild? Philosophen und Theologen haben im 20. Jahrhundert versucht, die Konsequenzen einer solchen mystischen Intuition schlüssig zu durchdenken, so etwa der Paläontologe und Jesuit Pierre Teilhard de Chardin.

Der Franzose hatte schon als Jugendlicher spirituelle Erfahrungen gemacht, die ihn zeitlebens prägten. Durch sie, so Teilhard, sei in seiner »Seele Licht geworden, als ob sich ruckweise ein Vorhang gehoben hätte«. Dieses Licht beschreibt der Mystiker später auch gerne als Feuer, in dem man Gottes Wirken in der Welt und im gesamten Kosmos erkennt.

In einem seiner bekanntesten Essays, *Das Herz der Materie*, entwirft Teilhard schließlich das Konzept einer Evolution, in deren Verlauf »Gott die Welt von den Tiefen der Materie bis zu den Höhen des Geistes umformt«, und die Welt »im Gegenzug« Gott »einformt«.

Nicht nur Theologen oder Philosophen, auch manche Naturwissenschaftler haben seither versucht, die Schöpfung als Evolution zu begreifen. Aus der Sicht dieser Forscher befindet sich die Welt – ebenso wie die Menschheit – derzeit in einem Prozess der Entwicklung, der vor Millionen von Jahren begonnen hat und längst nicht beendet ist.

Folgt man dieser Vorstellung, kommt man zu dem Schluss: Die Menschheit kann von der Welt bisher nur Bruchteile verstehen und muss ihr Wissen erst Schritt für Schritt erweitern. Das gilt für alle Bereiche des Lebens, auch für die Religion: Alles ist im Werden. Ein Universum mit Milliarden von Galaxien ist für das menschliche Gehirn heute noch ebenso unbegreiflich wie sein Ursprung, den wir Gott nennen. Was dem Menschen vorerst bleibt, sind die Lichtfunken, die von Fall zu Fall in jedes einzelne Leben fallen.

Einer meiner Kollegen, Theologe und Journalist wie ich, erzählte mir unlängst vom Tod seiner über 90-jährigen Mutter. Sie war Katholikin und hatte ihre Kinder stets im christlichen Glauben erzogen. Er sei überaus dankbar, dass sie ihn und seine Geschwister auch an den letzten Tagen ihrer langen Lebensreise teilhaben ließ, berichtete er:

»Es war ihr letztes Geschenk an uns, das mir so wichtig erscheint wie meine Geburt. Wenn ich jetzt sage, sie ging friedlich und befreit, ist das gar kein Ausdruck ... Wir Kinder bekamen in diesen Stunden den Hauch einer Ahnung, dass sie den oder die oder das schaute, was wir Gott nennen ... Der Raum war erfüllt von einer denkwürdigen Energie, als sie an einem frühen Sonntagmorgen hinüberglitt.«

Diese Erzählung erinnerte mich an das, was ich viele Jahre zuvor beim Tod meines Vaters und etwas später

auch meiner Mutter erleben durfte. Damals füllte eben-
falls etwas den Raum, was aus einer anderen Dimension
zu kommen schien.

Es war eine Art Frieden, der mich für das weitere Leben
prägte und mir in gewisser Weise sogar die Angst vor dem
eigenen Tod nahm. Ein enormes Geschenk, für das auch
ich bis heute sehr, sehr dankbar bin. – All das sind mys-
tische Erfahrungen, Grenzerfahrungen, Begegnungen mit
dem Göttlichen. (Corinna)

Als wir Autoren für dieses Buch Erlebnisse in unseren eigenen
Leben und in dem vieler Mitmenschen gesammelt haben, wurde uns immer wieder deutlich: So unerklärlich mystische Phänomene auch sein mögen, sowenig sie in Worte zu fassen sind,
sie geben doch eine Ahnung von dem, was trägt und bleibt.

Zugleich fiel uns auf, dass es heutzutage kaum noch populä-
re mystische Vorbilder gibt. Ist die Zeit der großen spirituellen
Gestalten vorbei? Alle Mystiker hatten Schüler und Schüle-
rinnen. Fehlt ihnen nur der Bekanntheitsgrad? Mangelt es an
Publicity? Ist eine gewisse Gleichgültigkeit moderner Medien
schuld, dass man die vielen unbekannten Mystiker und Mystikerinnen, die es zweifellos in aller Welt gibt, nicht sieht?

Oder überwiegt – nach den abgründigen Erfahrungen, die
man im 20. Jahrhundert mit Faschisten und Diktatoren gemacht hat – die Angst vor falschen Vorbildern? Traut man sich
und anderen heute nicht mehr die gesunde Urteilskraft zu,
auf dem Markt spiritueller Möglichkeiten Spreu und Weizen
zu trennen? Wurden wir zu oft enttäuscht? Auch von den Kirchen?

Fest steht: Mystiker zu sein ist kein »Beruf«, den man selbst
wählen könnte. Im 14. Jahrhundert entstand in England ein

bemerkenswertes Buch: *Die Wolke des Nichtwissens*. Der anonyme Autor geht darin unter anderem der Frage nach, wie man zu einem Mystiker wird, und unterstreicht nachdrücklich, dass mystisches Erleben immer den Charakter einer »Berufung« hat – es geschieht einfach!

Das Buch nennt auch Kriterien, um eine entsprechende Berufung zu erkennen, und Möglichkeiten, sie zu stärken. Vorbilder können demnach für den Weg der Mystik ebenso hilfreich sein wie Gespräche oder spirituelle Übungen, Bücher, Kurse oder Reisen. Entscheidend ist: Mystiker kann niemand werden, der äußerliche Erfolge erstrebt. Er oder sie muss vielmehr bereit sein, sich auf Gott und das Leben einzulassen und dabei jede Egozentrik zurückzustellen beziehungsweise sich selbst zu »sterben«. Genau das sagt auch das Beispiel Jesu.

> Es ist ein weitverbreiteter Irrtum, zu glauben, nur besondere oder speziell ausgebildete Menschen könnten Mystiker werden. Das habe ich als Seelsorger immer wieder erfahren. Manchmal war es für mich sogar geradezu beschämend zu sehen, mit welchem Gottvertrauen ganz einfache Menschen ihr Schicksal meistern.
>
> So werde ich mich zum Beispiel immer an eine alte Frau erinnern, die im Rollstuhl saß. Sie musste Unfassbares durchmachen: Im Krieg hatte sie bereits vier Söhne verloren, nun noch den letzten bei einem Verkehrsunfall. Ihr selbst musste man ein Bein amputieren.
>
> Und jetzt saß sie vor mir in ihrem Rollstuhl und ließ den Rosenkranz durch ihre Hände perlen. Sie erzählte mir in schlichten Worten von ihrem Schicksal, und ich überlegte gerade, was ich dazu sagen sollte. Denn Klischees oder Phrasen helfen in solchen Augenblicken nicht weiter.

Aber als ich noch nach Worten suchte, nahm mir die Frau zu meiner Überraschung die Last einer Antwort ab und sagte mit ruhiger Stimme: »Ach, Pater: Gott allein weiß, warum all das so ist. Ich vertraue darauf, dass er es letzten Endes gut meint und alles zum Guten führt!«

Eine solche Frau hat Gott erfahren, nicht jenseits des Lebens und des Leids, sondern mitten im Leben. Sie hat erfahren, was Hingabe an Gott bedeutet und was es heißt, mit Gott verbunden zu sein, ganz einfach und direkt. Das ist auch Mystik – Mystik, die Menschen im Leben trägt, bis zuletzt.

Um es mit christlichen Begriffen zu sagen: Ich glaube, dass jeder von Gott zum Mystiker berufen ist. Wenn er sich immer mehr selbst vergisst, all seine Wünsche und Vorstellungen, dann wird er eins mit dem Gekreuzigten und erfährt etwas von der Kraft der Auferstehung.

Methoden hierfür mögen Menschen helfen, sie haben ihre Gültigkeit, sowohl inner- als auch außerhalb des Christentums. Aber letztlich geht es darum, sich ganz einfach der Gnade anzuvertrauen. (Notker)

Solche Erfahrungen zeigen, welche Kraft die Religion haben kann. Doch Bekenntnisse dieser Art sind in Europa selten geworden. Der christliche Glaube ist im Abendland am Verdunsten. Viele Zeitgenossen sind zwar spirituell auf der Suche, aber sie lassen dabei die kirchlichen Traditionen immer öfter hinter sich. Die Gründe dafür sind vielfältig:

Die katholische Kirche hat durch immer neue Skandale viel von ihrer Glaubwürdigkeit verloren. Eine wachsende Zahl von Christen empfindet die Amtskirche als erstarrte Institution mit unverständlichen und realitätsfremden Dogmen.

Auch in den orthodoxen Kirchen stockt mancherorts die Kommunikation zwischen den Gläubigen an der Basis und der Kirchenleitung. Viele Laien, Jugendliche sowie Frauen fühlen sich ignoriert und sind immer seltener bereit, das zu akzeptieren.

In den evangelischen Kirchen herrscht zwar mehr Flexibilität und Freiheit, die modernen Menschen wohltut. Aber sie laufen Gefahr, sich in unzählige Gruppen aufzusplittern. Eine verbindende, Einheit stiftende Spiritualität fehlt häufig.

Was tun? Sicher ist: Der gespaltenen Christenheit mangelt es heute an Überzeugungskraft. Zwischen Theorie und Praxis, Anspruch und Wirklichkeit liegt ein Abgrund. – Eine Rückbesinnung auf die Mystik wäre ein entscheidender Schritt, um Auswege aus dem Dilemma zu finden. Das gilt für einzelne Gläubige ebenso wie für kirchliche Einrichtungen: Sich selbst zurücknehmen und neu zum Gefäß für den Geist werden.

Vor dem Chorgebet oder der Messe stellen wir Mönche uns stets im Gang vor der Kirche schweigend in einer Reihe auf. Das dient der Sammlung. Ich versuche dann, alle Gedanken, die um meine Sorgen kreisen, zurückzulassen: Die nächste Stunde gehört Gott beziehungsweise Jesus. Alles andere kann warten. Und ich habe im Lauf von Jahren gemerkt, dass diese Stunde dann auch Zeit für mich selbst und für unsere monastische Gemeinschaft wird.

Eine solche Gemeinschaft ist nicht einfach eine Summe von Mönchen oder Nonnen, sondern viel mehr. Es gibt so etwas wie eine Mystik der Gemeinschaft, gemäß dem Wort Jesu: »Wo zwei oder drei in meinem Namen versammelt sind, da bin ich mitten unter ihnen« (Mt 18,20). Das ist ein wichtiger Aspekt des benediktinischen Lebens, und es gilt in besonderer Weise bei der Messe, bei der Eu-

charistiefeier: So wie sich Jesus am Kreuz ganz in Gottes Geheimnis gab, so bemühe auch ich mich dann um ein totales Loslassen von eigenen Vorstellungen, von mir selbst.

Nach und nach habe ich gelernt, dass sich auf diese Weise jeder von uns als Mystiker von Gott erfassen lassen und im unendlichen Geheimnis aufgehen kann. Die ganze Gemeinschaft ist dann unterwegs zu einer spirituellen Einheit mit Christus, mit Gott. Das gilt in unserem Kloster und weit darüber hinaus. (Notker)

Die getrennten christlichen Konfessionen haben allerdings im Lauf der Kirchengeschichte oft genug das Gegenteil praktiziert: Sie haben einander von der Teilnahme an der Eucharistie ausgeschlossen und damit die Kirchenspaltung untermauert. Bis heute laden evangelische Kirchen zwar alle Getauften zum Abendmahl ein, aber orthodoxe und katholische Kirchen haben hier noch immer große Vorbehalte. In der Regel lautet die Devise: Ohne Kircheneinheit keine gemeinsame Eucharistiefeier.

Papst Franziskus hat bei seinem Besuch in der lutherischen Gemeinde Roms 2015 eine mystisch geprägte Alternative angeregt: Die gemeinsame Feier der Eucharistie beziehungsweise des Abendmahls, meinte er, könnte als spirituelle »Wegzehrung« verstanden werden, als »geistige Stärkung«, die uns bei der heutigen Suche nach Kircheneinheit unterstützt.

Bisher hat sich der Vorschlag des Papstes leider nicht durchgesetzt. Aber immerhin gab es in der modernen ökumenischen Bewegung schon viele Augenblicke, in denen das Wirken des Geistes zu spüren war und über die Vorurteile der Vergangenheit siegte. Das gilt für die Gründung des Weltkirchenrats in Genf ebenso wie für die ökumenische Öffnung der katholischen Kirche im Zweiten Vatikanischen Konzil und zahlreiche weitere Ereignisse. Immer wieder konnte man etwas von dem spüren, was das Konzil als »geistliche Ökumene« bezeichnet hat, das heißt als Ökumene, die auf der Begegnung mit Gott und seinem Geist beruht.

Als Journalistin durfte ich einige mystische Momente der Ökumene persönlich miterleben. Es waren Momente, in denen es allen Beteiligten gelang, nicht mehr auf Scheiterhaufen, Religionskriege und Millionen von Toten zu starren, sondern Hass und Berührungsängste zu überwinden.

So etwa im Herbst des Jahres 2016: Damals trafen sich – rund 500 Jahre nach der Reformation – Papst Franziskus und führende Vertreter des Lutherischen Weltbundes im schwedischen Lund und wagten einen historischen Schritt: Sie gestanden die Mitschuld ihrer Kirchen an der bestehenden Spaltung ein und reichten einander die Hand zur Versöhnung.

Wer die Feier verfolgte – gleich ob vor Ort oder am Bildschirm –, konnte etwas vom Wirken des Geistes spüren. »Ich hätte nicht gedacht, dass ich so etwas je erleben würde«, sagte mir eine katholische Freundin: »Ich habe vor Freude geweint.« – Es war für uns alle ein mystischer Moment.

Ein Jahr später war ich als evangelische Theologin in einer ökumenischen Dialoggruppe mit Benediktinern im Iran. Unsere Gastgeber fragten bei dieser Gelegenheit nach dem Verhältnis von Katholiken und Lutheranern. Sie hätten gehört, dass es ähnlich belastet sei wie jenes zwischen Sunniten und Schiiten im Islam. Aber nun sähen sie uns hier friedlich nebeneinander sitzen – wie sei das möglich?

> *Wir erklärten unseren muslimischen Freunden, dass unsere christliche Geschichte leider von ebenso viel Hass und Blut geprägt war wie die ihre. Aber wir erzählten auch von unserer Sehnsucht nach Versöhnung, der ökumenischen Bewegung und schließlich von Lund. Es folgte ein kurzes Schweigen und ein Kommentar unseres Gegenübers, den ich nie vergessen werde: »Dann seid ihr Christen vorbildlich!«* (Corinna)

»Papst Franziskus ist ein Mystiker. Wer ihn sieht, sieht etwas von Gott«, sagte in Rom unlängst ein muslimischer Theologe. Das mag stimmen. Ausschnitte aus einer Predigt des Papstes spiegeln wohl seine persönlichen Erfahrungen:

»Für jeden von uns hat es im Leben einen Moment gegeben, in dem Gott in besonderer Weise präsent geworden ist, mit einem Ruf. Jeder Ruf Gottes ist eine Initiative seiner Liebe. Gott ruft zum Leben, er ruft uns zum Glauben, er macht uns zur Person.« Vermutlich ist diese Haltung von Franziskus ein wesentlicher Grund, warum Gläubige anderer Konfessionen und Religionen ihn schätzen, nicht selten sogar lieben.

Den Ruf Gottes, von dem der Papst spricht, empfinden Christen oft als Begegnung mit Jesus, dem Mystiker schlechthin, der ihnen den Weg zur Wahrheit und zum Leben gezeigt hat. Interessanterweise berichtet die Bibel von Jesus auch, dass er Menschen würdigt, die seinen eigenen Glauben formell nicht teilen. So lobt er in einem Gleichnis etwa die selbstlose und vorbildliche Hilfsbereitschaft eines Mannes aus dem Volk der Samariter (vgl. Lk 10,25 ff.).

Der Ökumenische Rat der Kirchen und der Päpstliche Rat für den Interreligiösen Dialog haben diese Erzählung vom barmherzigen Samariter während der Coronapandemie in einem gemeinsamen Dokument aufgegriffen. Es soll Menschen aller Glaubensrichtungen motivieren, einander zu unterstützen. Im Text heißt es: »Interreligiöse Beziehungen sind ein starkes Instrument, um Solidarität zu schaffen und uns selbst für Kraftquellen zu öffnen, die jenseits unserer Grenzen liegen.«

Hatte sich die katholische Kirche doch während des Zweiten Vatikanischen Konzils nicht nur für die Ökumene geöffnet, sondern – in der Erklärung *Nostra Aetate* – auch erstmals die Überzeugung nicht-christlicher Religionsvertreter gewürdigt. Theologen anderer Kirchen folgten dem Beispiel. Heute ist der interreligiöse Dialog ein fester Bestandteil der meisten kirchlichen Traditionen.

»Der interreligiöse Dialog ist ein Pilgerweg, auf dem wir unseren gewohnten, abgesicherten Bereich verlassen, um die Fülle anderer Traditionen zu entdecken«, erklärte der langjährige Präsident des Päpstlichen Dialograts, Kardinal Jean-Louis Tauran: »Er ist eine Herausforderung. Denn wenn ich den anderen frage: ›Wie sieht dein Gottesbild oder dein Glaube aus?‹, wird er an mich dieselben Fragen richten. Ich bin dann gezwungen, über meinen Glauben Rechenschaft abzulegen, und muss für andere durchsichtig werden. Aber wenn das gelingt, ist der Dialog ein Austausch von Gaben.«

In solchen Momenten wird das Gespräch mit Andersgläubigen zu einem mystischen Geschehen, zu einem immer tieferen Eintauchen in Gottes Wirklichkeit. Jeder kann dabei sich selbst treu bleiben und zugleich in der Haltung des anderen Facetten des göttlichen Geheimnisses entdecken, ja Aspekte der einen Wahrheit, die er bisher nicht gesehen oder nicht verstanden hat.

»Religionen sind wie Flüsse«, sagte einmal ein buddhistischer Geistlicher: »In jedem Land gibt es andere Flüsse. Hier in Myanmar ist unser größter Fluss der Ayeyarwady, in Indien ist es der Ganges, in Ägypten der Nil, in Europa der Rhein. All diese Flüsse haben andere Formen und Namen, sie fließen durch unterschiedliche Länder, doch sie haben alle dasselbe Ziel: den Ozean. Dementsprechend haben auch all unsere Religionen dasselbe Ziel. Das sollte uns immer bewusst sein.«

Ein anderes Bild aus dem Bereich des interreligiösen Dialogs beschreibt, wie die Vertreter der Weltreligionen auf abenteuerlichen Wegen von verschiedenen Seiten auf einen Berg steigen, um sich am Gipfel alle bei Gott zu treffen. Wer je das intensive Bemühen anderer Religionsvertreter, ihre Hilfsbereitschaft oder ihre Gebetspraxis erlebt hat, wird solche Bilder ernst nehmen.

Sicher ist: Das Ziel des Dialogs besteht nicht nur darin, Informationen auszutauschen oder gemeinsam den Ärmsten zu helfen. Es geht um mehr: um interreligiöse Freundschaften, die einen vertrauensvollen spirituellen Austausch ermöglichen. Die Mystik bietet die beste Voraussetzung dafür. Denn Mystiker aller Religionen erfahren die Liebe Gottes – jeder auf seine Weise – und antworten mit Gegenliebe.

»Das mystische Erleben ist die tiefste und schönste Erfahrung, die ein Mensch machen kann«, schrieb der Atomphysiker Albert Einstein: »Es ist die Quelle, aus der die Religion ebenso hervorgeht wie die Kunst und jede wahre Wissenschaft.«

Und nicht zuletzt ist die Mystik der beste Schutz vor Extremismus und Terror, gleich in welcher religiösen Färbung er auftritt. Kein Mystiker, der etwas von Gott und seiner Liebe gespürt hat, kann zu einem herrischen oder gewalttätigen Extremisten werden. Er würde sonst Gott verraten.

Der indische Dichter Kabir hat die Hoffnung jedes Menschen, der den Weg der Mystik einschlägt, einst so formuliert:

»Blinder, du, Lampen brennen in jedem Haus
und du kannst sie nicht sehen.
Eines Tages werden sich deine Augen öffnen,
und du wirst sehen,
und die Fesseln des Todes
werden von dir abfallen.«

Wir möchten alle ermutigen, einem solchen Weg im eigenen Leben nachzuspüren. Es ist ein Weg der praktischen Erfahrung. Theorie allein hilft hier nicht weiter. Um es bildlich zu formulieren: Die Farbe Blau lässt sich durch Zahlen, Wellenlängen oder Lichtspektren beschreiben. Aber man wird einem Blinden auf diese Weise nie erklären können, wie die Farbe Blau wirklich aussieht. Man kann ihm nur Mut machen, seine Augen zu öffnen – oder anders gesagt: sich die Augen von Gott öffnen zu lassen.

Viele traditionelle Gottesbilder sind heute dabei zu verblassen – nicht nur in Europa, nicht nur im Christentum. Theologischen Denkmodellen fehlt oft der Realitätsbezug und damit Überzeugungskraft. Alles hängt davon ab, dass wir die Urkraft des Lebens und der Liebe, die sich in diesen Modellen spiegelt – und die wir Gott nennen –, neu entdecken. Nur dann kann es den Religionen wieder gelingen, die Werte, für die jene Urkraft steht, glaubwürdig, leidenschaftlich und zeitbezogen zu vermitteln: Liebe statt Hass, Einheit statt Spaltung, Achtsamkeit statt Egoismus, teilen statt raffen …

Derzeit laufen diese Werte Gefahr, zusammen mit erstarrten Prinzipien und überholten religiösen Vorstellungen zu verschwinden. Was aber wäre eine Menschheit ohne diese Werte? Wir plädieren deshalb – dem Beispiel Jesu folgend – für das Wagnis eines spirituellen Neuansatzes: für eine Mystik der immer wieder aktuellen Begegnung mit dem göttlichen Geheimnis.

Mensch werden:
Das Herz öffnen
und die Hände,
empfangen
und geben.

Lichter setzen
im Dunkel.
Selbst Licht werden.
Eins werden
mit dem Licht.